Inhalt

Vorwort

Wie das Bundesverfassungsgericht ausdrücklich festgestellt hat und wie es beim Prozess der Verfassungsgebung allen Beteiligten stets gegenwärtig war, errichtet das Grundgesetz eine wertgebundene Ordnung. Das Grundgesetz selbst inkorporiert ethische Maximen und erhebt den Anspruch, einen schmalen, aber entscheidenden Grundkonsens dauerhaft zu verankern: eine bis heute gültige Antwort auf die Inhumanität des NS-Regimes und die normative Indifferenz der Weimarer Republik. Zur Zukunftsfestigkeit dieser Antwort hat das Bundesverfassungsgericht einen erheblichen Beitrag geleistet. Insbesondere mit seiner Rechtsprechung zu den Grundrechten vermochte es die Verfassung immer wieder im Blick auf ihren Wertekern zeitgemäß zu interpretieren und im gesellschaftlichen Bewusstsein zu verankern. Gleichwohl wird dieser Basiskonsens zunehmend durch gesellschaftliche und technologische Wandlungsprozesse herausgefordert. Neue Spannungsfelder tangieren die ethische Substanz: Spannungen etwa zwischen Freiheit und Sicherheit oder zwischen Menschenwürde und technischem sowie wissenschaftlichem Fortschritt, nicht zuletzt auch in den Lebenswissenschaften. Die Antworten der Verfassungsinterpretation bieten Orientierung, ebenso aber auch Anlass für eine breite verfassungspolitische und gesellschaftliche Diskussion.

Die vorliegende Studie möchte anhand typischer Problemfelder die Bedeutung verfassungsrechtlicher Maßgaben für die politische Lösungsfindung in einer freiheitlichen und sich wandelnden Gesellschaft herausarbeiten. Politische Bildung in der wertgebundenen Ordnung soll befähigen und anregen, Orientierung aus dem Grundgesetz zu schöpfen und an der humanen Gestaltung des Wandels mitzuwirken. Wie anders könnte die Verfassung der Menschenwürde und der Freiheit ihre Geltungskraft erhalten?

Prof. Dr. Dr. h. c. Heinrich Oberreuter
Direktor der Akademie für Politische Bildung Tutzing

Einleitung

Wenn der pluralistische Staat, wie Ernst Fraenkel es ausdrückt, ein moralisches Experiment ist, das jeden Tag von neuem gewagt werden muss,[1] so ist dieses Experiment zurzeit vor große Herausforderungen gestellt. Diese Herausforderungen entstehen durch den Wandel in Gesellschaft und Technik. Wandel ist ein normales Phänomen.[2] Allgemein gesprochen können ihm Modernisierungspotenziale innewohnen, durch ihn können sich neue Formen der Freiheitsausübung ausdrücken und notwendige Anpassungen vollziehen. Die gegenwärtigen, noch näher zu bezeichnenden Wandlungstendenzen zeichnet jedoch aus, dass sie in erheblichen Maße normative Fragen aufwerfen. Dies indizieren beispielsweise der erhöhte Wertebezug von Wissenschaft und Technik und die forcierte Auflösung und Neuformierung von politischen und gesellschaftlichen Milieus mit dem einhergehenden Verlust hergebrachter normativer Bindungen.

Um politische Lösungen für die Gestaltung des Wandels zu finden, kann der moderne Staat nicht auf weltanschauliche Verbindlichkeiten zurückgreifen.[3] Auf der anderen Seite kann er nicht auf eine gemeinsame normative Basis verzichten. Angesichts der Pluralisierung der normativen Konzepte stellt sich die Frage nach dem Grundkonsens, der ein Fundament für die politische Gemeinschaft darstellt und ihre Fragmentierung verhindert. Allein schon um die Grundlagen der Existenz der pluralistischen Kräfte und die Grenzen ihrer Betätigungsmöglichkeiten zu erfassen, ist die Anerkennung eines Minimums allgemeiner Prinzipien erforderlich.[4] Die Bestimmung und Konkretisierung dieser Prinzipien im täglichen moralischen Experiment wird immer komplexer und wirft die Frage nach den ethischen Ressourcen auf.

Die Verfassung verkörpert einen solchen Grundkonsens. Über einen Zeitraum von sechzig Jahren hat sich das Grundgesetz, so das allgemeine

---

1   Fraenkel, in: v. Brünneck, S. 74 (89).
2   Oberreuter, Werte als Herausforderung, S. 15.
3   Oberreuter, Kanzelrede, S. 4; vgl. auch Böckenförde, Der säkularisierte Staat, S. 12 ff. und Rawls, Pol. Liberalismus, S. 219.
4   Vgl. mit Blick auf die Interessenverbände Fraenkel, in: v. Brünneck, S. 74 (89); vgl. auch Rawls' Konzept eines übergreifenden Konsenses über die politische Konzeption, dem *„vernünftige umfassende Lehren"* von ihrem eigenen Standpunkt zustimmen, Rawls, Pol. Liberalismus, S. 219.

Fazit, bewährt.[5] Das Grundgesetz ist ein Beispiel für eine Verfassung, der es gelang, mit dem Ausgangspunkt einer schwierigen politischen Situation Demokratie und Menschenrechte gefestigt zu haben.[6] In ihm manifestieren sich historische Erfahrungen, die ihm auch die Bezeichnung „*Gedächtnis der Demokratie*"[7] einbringen. Es zeichnet sich mit Blick auf seine historischen Vorläufer in Deutschland und im Vergleich mit „*zahlreichen Pseudo- und Semikonstitutionen in der Welt*" durch Steuerungskraft des politischen Prozesses und wesentlichen Einfluss auf die politische Kultur der Bundesrepublik aus.[8]

Die Erhaltung und Verinnerlichung des durch die Verfassung statuierten Konsenses ist jedoch spezifischen Schwierigkeiten ausgesetzt. Sie wird zunehmend mit Realitäten konfrontiert, die fernab der Vorstellungen der Verfassungsväter und -mütter gelegen haben dürften. Dies macht die Dauerfrage, ob die Verfassung eines Staates geprägt ist durch das Verfassungspapier oder nicht doch durch machtfokussierte politische und gesellschaftliche Realitäten,[9] besonders brisant. Es werden durchaus Erosionszeichen diagnostiziert: etwa mit Blick auf die Gesetzgebung im Spannungsfeld von Freiheit und Sicherheit[10] und im Bereich Familie[11], die Kommerzialisierung der Grundrechte[12] oder gar beim verfassungsrechtlichen Umgang mit dem Menschwürdesatz des Grundgesetzes, insbesondere in Zusammenhang mit biotechnologischen Machbarkeiten[13]. Die Tendenzen weisen auf eine besondere Struktur der Verfassung hin: gegenüber einem vom Recht unabhängigen ethischen Konsens liegt die Verfassung auf einer abstrakteren Ebene. Umso einleuchtender müssen ihre Prinzipien sein.[14] Es stellt sich also die Frage nach der Leistungsfähigkeit und dem tatsächlichen Einfluss des Grundgesetzes angesichts einer spezifischen gesellschaftlichen Situation, die durch Globalisierung, den Verlust hergebrachter sozialer Bindungen und technischen Fortschritt gekennzeichnet ist.

Anhand von paradigmatischen Rechtsprechungsbeispielen des Bundesverfassungsgerichts und den Diskussionen in der Verfassungsrechtswissen-

---

5   So zum Beispiel Bethge, Vortrag Grundrechte: „*Man preist eine Ware, die gut ist*".
6   Grimm, Das Grundgesetz, S. 295 (296).
7   Kirchhof, Vortrag 60 Jahre Grundgesetz.
8   Grimm, Das Grundgesetz, S. 295 (298).
9   S. Hesse, Normative Kraft, S. 3 ff.
10   Hassemer, SZ-Interview.
11   Würtenberger, Determinanten, in: Wahl, S. 449 (451).
12   Vgl. Grimm, Grundrechtliche Freiheit, S. 91 (104) und ders., Verfassungspatriotismus, S. 107 (115).
13   Oberreuter, Kanzlerede, S. 9 ff.
14   S. Habermas, 3Sat.

schaft lässt sich zeigen, dass die normative Ressource Verfassung für die Gestaltung des Wandels erhebliche Orientierungsleistungen erbringen kann. Insbesondere zeigt sich, dass die ethische Prägung des Grundgesetzes, durch Verfassungsinterpretation zeitgemäß zur Entfaltung gebracht, für die Konsensaktualisierung eine Schlüsselfunktion besitzt. Die Interpretation der Verfassung ist also eine wichtige und maßgebliche Quelle. Jedoch darf sie als normative Ressource nicht überstrapaziert werden. Für einen angemessenen Umgang mit den komplexen Problemen des wissenschaftlich-technologischen Fortschritts und den einhergehenden gesellschaftlichen Veränderungen sind vielmehr die weiteren wirksamen Quellen der Orientierung, denen die auf Freiheit basierende Verfassungsordnung ja gerade Raum gibt, einzubeziehen. Der politische und gesellschaftliche Umgang mit den normativen Problemen des Wandels wird erleichtert, unter Umständen auch befriedet, durch Reflexionen, die die normativen Zugänge ordnen und ihr heuristisches Potenzial ausschöpfen – von der Kenntnis über die komplexen sozialen und technischen Zusammenhänge abgesehen. Politische Bildung kann in ihrem Rahmen integrative Beiträge liefern.

I. Technischer und gesellschaftlicher Wandel und seine normativen Probleme

Verschiedene Entwicklungen tragen dazu bei, dass sich das Umfeld, in dem sich Politik und Gesellschaft abspielen, erheblich wandelt. Mit der historischen Zäsur des Verschwindens des Eisernen Vorhangs hat sich das Tempo der internationalen Verflechtung, der Mobilität von Menschen und Fließgeschwindigkeit von Waren und Informationen rasant erhöht.[15] Eine besondere Bedeutung kommt den Fortschritten in Wissenschaft und Technik zu, die sich in vielfältiger Weise auswirken. Zu dem Wandel gehören auch Veränderungen im sozialen Gefüge[16]. Diese Entwicklungen eröffnen die Frage nach einem angemessenen normativen Umgang.

A. Charakteristik des Wandels

Der wissenschaftlich-technologische Fortschritt ist immer mehr in das Zentrum der Gesellschaft gerückt. Insbesondere hängt dies mit der gesellschaftlichen Transformation hin zu einer globalisierten Wissensgesellschaft zusammen. Dadurch hat sich Alltag vieler Menschen verändert, wie bereits die nahezu alltägliche Nutzung von Handy und Internet zeigt. Fortschritt in Wissenschaft und Technologie gilt als Motor für wirtschaftliche Innovationen und Wachstum, bietet der Politik Sachinformation und Legitimation für Entscheidungen.[17] In diesem Zuge sind jedoch anomische Räume entstanden, die normativ gefüllt werden sollen.[18] Durch dieses Rücken in die Mitte der Gesellschaft erhält die Wissenschaft einen Wertbezug, was

---

15 Petri, DuD 1/2010, S 25; Schäuble, Freiheit und Sicherheit, S. 4 f.; zur Wichtigkeit der Zäsur des Jahres 1989 Dahrendorf, Welt ohne Halt, S. 30 (31).

16 Bei diesem ,sozialen Wandel' geht es allgemein um die Veränderungen der Sozialstrukturen einer Gesellschaft, also um die Gesamtheit der Veränderungen im Normen- und Wertesystem, in Institutionen und Organisationen, Wirtschaft, Kultur, Politik, Religion und Kommunikation. Näher zu den Theorien des sozialen Wandels Schäfers, Sozialstruktur, S. 10 ff.

17 S. Strohschneider, Vortrag Wissenschaft.

18 Zur Bedeutung von Ligaturen (tiefen Bindungen, deren Vorhandensein den unzähligen Optionen Sinn gibt) in von Anomie bedrohten Gesellschaften Dahrendorf, Welt ohne Halt, S. 30 (45 f.).

zwangsläufig auch ethische Konflikte zur Folge hat.[19] War technischer Fortschritt lange Zeit nur beiläufig mit Wertproblemen behaftet, so änderte sich dies spätestens mit Beginn der Atomkraft[20] und äußert sich zurzeit insbesondere bei den sogenannten neuen Technologien.

Bei der Rede von neuen Technologien denkt man heutzutage insbesondere an die Biotechnologie, die Informations- und Kommunikationstechnologien[21] und neuerdings auch an die Nanotechnologie[22]. Am deutlichsten zu sehen ist die normative Problematik bei der die körperliche Integrität berührenden biowissenschaftlichen Forschung. Dies hängt sicher damit zusammen, dass hier unmittelbare Körpervorgänge betroffen sind und sich bei der Frage nach Leben auch religiöse Dimensionen eröffnen. Als häufig diskutierte Problemfelder genannt seien nur die Präimplantationsdiagnostik, die Stammzellenforschung, das Klonen, aber auch die Verwendung von Daten der „Genkarte" eines Menschen sowie die Patentierung biotechnologischer Erfindungen unter Verwendung von Materialien menschlichen Ursprungs.

Auch andere Technologien betreffen das Unmittelbare wie körperliche Integrität und Privatsphäre. Die Möglichkeiten der Kommunikations- und Informationstechnologien werfen die Fragen nach den Grenzen der Datenerhebung auf, die Nanotechnologien die Frage, inwieweit medizinische Optimierung des Menschen durch Minitechnik gewünscht wird[23]. Grüne Gentechnik, konzentrationssteigernde Medikamente zur nebenwirkungsfreien Leistungssteigerung sind weitere Beispiele für die auch moralische Bedeutung der das moderne Leben prägenden Wissenschaft.

Die Ethisierung von Wissenschaft und Technik[24] ist zu einem Kennzeichen der modernen Wissensgesellschaft geworden. Der Fortschritt betrifft gesellschaftliche Moralvorstellungen in besonders komplexer Weise. Normative Lösungen zu finden, erfordert in der Regel eine gute Kenntnis der zur Debatte stehenden technischen Gegebenheiten. Weiter ist es schwierig, die Argumente der verschiedenen normativen Zugangsweisen, wie von Recht, Ethik und Religion, zu entwickeln, zu ordnen und Abwägungen vorzunehmen. So können, legt man die obigen Beispiele zugrunde, ganz verschiedene Güter betroffen sein: unter anderem die Menschenwürdega-

---

19   Vgl. Weingart, Wissenschaft, S. 229 ff.
20   Die Wertaufgeladenheit der Atomkraft zeigt sich zum Beispiel in der Selbstbezeichnung des ehemaligen Landshuter Oberbürgermeisters Josef Deimer (CSU) als *ideologischer Gegner*" der Atomkraft, Deimer, Alpha-Forum, S. 5.
21   Weber, Vortrag Informationsethik.
22   Grunwald, Vortrag Nanotechnologie.
23   Vgl. dazu Grunwald, Ethische Aspekte Nanotechnologie.
24   S. Weingart, Wissenschaft.

rantie, das Recht auf Leben und allgemeine Unversehrtheit, der Schutz von Ehe und Familie, die Forschungsfreiheit, das Recht auf geistiges Eigentum und das Recht auf informationelle Selbstbestimmung. Zudem können sich zum Beispiel auch Fragen der Verteilungsgerechtigkeit mit Blick auf die medizinischen Ressourcen stellen.

Der technologische Wandel ist nicht die alleinige Ursache der normativen Herausforderungen. Auch andere Prozesse führen zur stetigen Auflösung traditioneller Wertorientierungen. Als „Megatrend"[25] macht sich die Globalisierung bemerkbar. Die gesteigerte weltweite Mobilität, die Ausweitung der Massenkommunikation tragen ebenfalls zum Wandel bei. Wirtschaftsräume werden entgrenzt. Regeln erweisen sich als fragwürdig oder verschwinden gar.[26] Zunehmende Kompliziertheit bewirkt Flucht in „überschaubare Räume" und Beschränkung auf die eigenen Lebensverhältnisse.[27] Die Individualisierungstendenz bringt hergebrachte Milieus zum Verschwinden und lässt traditionelle Klassenzugehörigkeiten, Geschlechterrollen und Familienkonzeptionen verblassen.[28] Solch ein Wandel führt beispielsweise dazu, dass tradierte Formen des sozialen Miteinanders und hergebrachte Milieus um zusätzliche Formen ergänzt werden (zum Beispiel Patchworkfamilien)[29] oder sogar verschwinden[30]. So verlieren auch traditionelle Religionsgemeinschaften ihre Bindekraft. Neben der religiösen Pluralität besteht eine starke „säkulare Option"[31] und ein markantes Ausmaß der Entkirchlichung. Auch durch Migrationsprozesse, gerade wenn es um Migration aus anderen Kulturen geht, werden Wertorientierungen herausgefordert.[32] Neue Formen religiöser Pluralität sind Faktoren für Unsicherheiten, genauso wie Informationsflut und Beschleunigung der Lebensverhältnisse. Dies geht einher mit der Schwierigkeit, dass die *„Festigkeit eines Weltbildes fehlt, um all die Neuigkeiten und Reize richtig einzuordnen"*[33].

---

25 S. Schäfers, Sozialstruktur, S. 13.
26 Schmidt-Jortzig, Ethische Beratung, S. 3.
27 Schmidt-Jortzig, Ethische Beratung, S. 3.
28 Beck, Risikogesellschaft, S. 115 ff.; s. dazu Kübler, Wissensgesellschaft, S. 38 f.; Böckenförde, Zukunft politischer Autonomie, S. 103 ff.
29 So ist zum Beispiel mittlerweile jede siebte Familie in Deutschland eine Patchworkfamilie, Lau, Welt-Online.
30 Wie die Stammtische und das verbreitete Leben in Vereinen.
31 Unter Hinweis auf Charles Taylor Huber, Staat – Gesellschaft – Kirche, S. 10.
32 Vgl. Huber, Staat – Gesellschaft – Kirche, S. 10 f.
33 Schmidt-Jortzig, Ethische Beratung, S. 2.

B. Schwierigkeiten der politischen Gestaltung des Wandels

Angesichts dieser Erosions- und Differenzierungstendenzen sowie des Mangels einer weltanschaulich verbindlichen Grundlage sind politische Regulierungsansätze vor spezifische Schwierigkeiten gestellt. Der Staat muss zum Beispiel die Vorteile, die sich aus der Technisierung der modernen Industriegesellschaft ergeben, für größeren Wohlstand und bessere medizinische Versorgung anerkennen und fördern. Andererseits muss er aber auch der Gefahr der zunehmenden Abhängigkeit von Technisierung und Automatisierung begegnen[34] und sich mit moralischen Bedenken auseinandersetzen. Dies gilt für die Technisierung, die von Gesellschaft und Wirtschaft ausgeht, und auch dann, wenn sich der Staat selbst neuer technischer Möglichkeiten, die etwa ein immer stärkeres Eindringen in die Privatsphäre ermöglichen, bedient.[35]

Die Einschätzung, wo Grenzüberschreitungen liegen oder möglich sind, und angemessene Reaktionen sind eine der Zukunftsherausforderungen für den Staat, insbesondere dann, wenn es sich um weltanschaulich umstrittene Bereiche handelt. Was rechtliche Regeln betrifft, so hat der Gesetzgeber grundsätzlich drei Reaktionswege: sich auf die eine Seite zu schlagen, eine Seite zu bevorteilen, aber auch Toleranz gegenüber der anderen Position zu wahren oder sich aus den Bereichen zurückzuziehen.[36] In Kernfragen muss politische Reaktion erfolgen, da die Folgen zu weitreichend sind und außerdem das Recht durch Inaktivität seine Akzeptanz verlieren könnte.

Das politische System ist jedoch für das alleinige Finden angemessener Antworten auf die ethischen Herausforderungen an manchen Stellen überfordert. Dies hängt zum einen damit zusammen, dass unerwünschte Entwicklungen – zum Beispiel durch Gesetz und Verordnung – nur schwer zu lösen sind. Zum anderen sind die Vielzahl von unterschiedlichen Werthaltungen und die Komplexität der zu lösenden moralischen Probleme der Grund dafür. Diese Komplexität macht es teilweise sogar schwer zu erkennen, welche Werte überhaupt in Brand geraten sind. Dies alles spielt sich ab vor dem Hintergrund eines Verdrängungswettbewerbes um die Quellen der Orientierung.

Die Politik hat auf diese Herausforderung auch bereits reagiert. Es gibt verschiedene Indizien dafür, dass die öffentliche Diskussion und die Integration von grundlegenden Werterwägungen in den politischen Entschei-

---

34 Vgl. Benda, HVerfR I, Rn. 44 ff.
35 Vgl. Benda, HVerfR I, Rn. 44 ff.
36 S. Herzog, in: FS Maunz, S. 148 ff.

dungsprozess neue Formen angenommen haben, was auch zu neuen Institutionen und Formen der politischen Analyse geführt hat. Die Politik hat zum Beispiel im Deutschen Ethikrat eine Art von ethischer Expertise institutionalisiert. Seine Aufgabe ist es vor allem, unverbindliches Orientierungswissen für den politischen Umgang mit spezifischen ethischen Problemen und Kontroversen hervorzubringen.[37] Auch wenn dieses Gremium wichtige Beiträge zur Systematisierung der politischen und gesellschaftlichen Auseinandersetzung über schwierige ethische Fragen liefert, so ist damit die Diskussion über den normativen Umgang mit den Herausforderungen des technischen und gesellschaftlichen Wandels nicht beendet. Insbesondere stellt sich die Frage, auf welcher Basis angesichts der – grob skizzierten – Entwicklungen ein Mindestmaß an gesellschaftlicher Integration gelingen kann.

C. Regulierung des Wandels

Für die gemeinsame Gestaltung von Zukunftsproblemen grundlegend sind allgemein akzeptierte Spielregeln in der Form von Grundwerten, die eine allgemeine soziale Verhaltensethik begründen.[38] Werte im moralischen Sinne stellen Gründe oder Ergebnisse einer Wertung dar, das heißt die Bevorzugung einer Handlung vor einer anderen.[39] Werte liegen politischen Systemen zugrunde, zeigen sich jedoch auch in einzelnen Entscheidungen, wenn durch das Werten einer Option der Vorzug vor einer anderen gegeben wird. So konfrontiert Politik Sachgesetzlichkeiten immer mit Wertoptionen.[40] Mit Grundwerten wird die Hoffnung verknüpft, Orientierung für einzelne Wertentscheidungen zu vermitteln, Wandlungsbewegungen zu stabilisieren und angesichts neuer Entwicklung auf ein Reservoir von Lösungserfahrungen zurückgreifen zu können, die zu etwas Erstrebenswertem hinleiten.

Für solche ethischen Dispositionen bleibt der rapide Wandel nicht ohne Folgen. Auch Werte unterliegen ihm.[41] Der festgestellte Wandel grundlegender gesellschaftlicher Wertvorstellungen hat zu Diskussionen geführt,

---

37 S. zur Tätigkeit von den sich international immer mehr ausbreitenden Gremien dieser Art Endres/Kellermann, Ethikkommissionen. Zu typischen Problematiken bei ethischer Beratung für die Politik s. die Diskussion über Leopoldina et. al., PID-Stellungnahme Willoweit, SZ, 20.1.2011, S. 18 und Höffe, SZ, 25.1.2011, S. 13.
38 Oberreuter, Wertwandel, S. 6.
39 Schwemmer, Enzyklopädie Philosophie, S. 661 (662).
40 Oberreuter, Die Pol. Meinung 2007, S. 13.
41 S. zum Beispiel Klages, Wertorientierungen.

ob neue Werte an die Stelle von alten treten – und unter Umständen zu einem höheren politisch-kulturellen Niveau führen –, ob Werte verfallen oder neue Werte an die Seite von alten treten.[42] Wie sich das im Einzelnen auch darstellen mag, so ist in den Modellen westlicher Demokratien das politische Gemeinwesen an bestimmte Grundwerte gebunden, die Integration gewährleisten sollen, aber vor sich wandelnden gesellschaftlichen Verhältnissen auch ihrerseits durch eine Integrationsleistung zu bestimmen sind.[43] So sind etwa die Menschenwürde und das allgemeine Persönlichkeitsrecht Fixpunkte, die unabhängig von einem möglicherweise entgegenstehenden gesellschaftlichen Wertewandel zu schützen sind.[44] Die Integrationsleistung besteht dabei in einem angemessenen Umgang mit der Pluralität der normativen Quellen.

D. Die Verfassung als normative Ressource

1. Verfassung als politische Grundordnung: Funktionen und Strukturen

Als Quellen der Orientierung zur Formulierung zeitgemäßer Grundwerte machen Recht, Moral und Religion Angebote. Diese weisen Schnittmengen auf und bedingen sich wechselseitig. Angesichts der Pluralisierung, der Schwächung der Bindekraft sinnstiftender Religion und hergebrachter Wertemilieus ist das Verfassungsrecht für die Suche nach Konsensmöglichkeiten ein aussichtsreicher Kandidat, hat es doch eine Leitsternfunktion für eine Entwicklung, die alle angeht. Dafür spricht bereits die Verbindlichkeit, die dem Recht zukommt. Es hat in modernen Gesellschaften den intensivsten Normativitätsbezug.[45] Recht sichert seine Befolgung nicht durch *„bloße Akzeptanz"*[46], sondern durch Verbindlichkeit und notfalls staatliche Zwangsmaßnahmen. Für die Geltungskraft des Rechts reichen Zwangsmaßnahmen jedoch nicht aus. Es müssen weitere Faktoren hinzutreten, welche die soziale Wirksamkeit des Rechts stützen. Dazu gehören die *„alltägliche ethisch-*

---

42 S. den Überblick über diese Diskussion bei Oberreuter, Wertwandel, S. 7 ff. und Petri, DuD 1/2010, S. 25 f.
43 Vgl. Starck, in: Schuppert/Bumke, S. 227.
44 Benda, HVerfR I, Rn. 44 ff.
45 Vgl. Schmidt-Jortzig, Ethische Beratung, S. 7.
46 Schmidt-Jortzig, Ethische Beratung, S. 7.

moralische Lebenspraxis", Gewohnheiten und gegebene Loyalitäten.[47] Für die legitimierte Anerkennung braucht das Recht die Anerkennung als *„gerechtes, vernünftiges, zumindest aber nicht ungerechtes Recht".*[48]

2. Verfassungsfunktionen und Grundkonsens

Die Verfassung ist weithin Ausdruck des Grundkonsenses der politischen Gemeinschaft über die wichtigsten Werte, Leitideen und über die auf staatliches Handeln gerichteten Verfahren. In dieser Festlegung der grundlegenden Spielregeln liegt die wichtige Einigungsfunktion einer Verfassung.[49] Zudem ist sie die Rechtsgrundlage der politischen Herrschaft, die aus ihr ihre Legitimität speist (Rechtfertigungsfunktion), und sie bietet den Bürgern Schutz vor staatlicher Willkür (Schutzfunktion). Daneben stellt sie verbindliche Regelungen über Organisationsfragen wie die Zusammensetzung der Organe, Kompetenzverteilungen usw. auf (Ordnungsfunktion).[50]

Offensichtlich gelingt es dem Grundgesetz, über alle Gegensätze hinweg einen Grundkonsens über Zweck und Gestalt des Gemeinwesens zu formulieren.[51] Grundsätzlich gehört die Trennung von Recht und Moral zu den Errungenschaften der Moderne. Recht entsteht formal durch vorgegebene Verfahren und nicht aufgrund sittlicher Kriterien. Jedoch bedarf das Recht eines *„ethisch-sittlichen"* Mindestgehalts und benötigt eine Rückbindung an die Rechts- und Moralvorstellungen in der Gesellschaft, um soziale Geltung und Wirksamkeit zu erlangen.[52]

In der freiheitlich-demokratischen Verfassung machen Freiheit, Menschenwürde, das Bekenntnis zu den Menschenrechten und zu den demokratischen und rechtsstaatlichen Verfahren sowie politische Gleichheit den Wertekonsens aus.[53] Dazu zu zählen sind auch Regeln eines *„fair play"* und die Einhaltung zumindest der Mindesterfordernisse sozialer Gerechtigkeit.[54]

---

47 Böckenförde, Staatliches Recht, S. 208 (215).
48 Böckenförde, Staatliches Recht, S. 208 (216).
49 Schneider, in: Grimm, S. 1 (18); s. auch Ebsen, in: Schuppert/Bumke, S. 83 (87 f.).
50 Näher zu den Funktionen und den einschlägigen Beiträgen der Weimarer Staatsrechtslehre Schneider, in: Grimm S. 1 (18 ff.). Zur Frage der Verfassung als Grund- oder Rahmenordnung Zippelius/Würtenberger, Staatsrecht, § 5 II 1 Rn. 21 ff.
51 Grimm, Verfassungspatriotismus, S. 107 (116). In der Verfassung dokumentiert sich der Grundkonsens also geradezu *„vorzüglich"*, Dreier, in: Dreier, Art. 20 (Demokratie), Rn. 77 mit Blick auf das Majoritätsprinzip.
52 Böckenförde, Staatliches Recht, S. 208 (217).
53 Vgl. Scholz, in: Klein, S. 40 (41 ff.); dazu auch Oberreuter, Kanzlerrede, S. 8.
54 Vgl. Fraenkel, in: v. Brünneck, S. 74 (89).

Das Grundgesetz ist also, an die Spitze der Rechtsordnung gestellt, ein Dokument mit hohem ethischen Gehalt. Das Bundesverfassungsgericht bezeichnet das Grundgesetz als „*wertgebundene Ordnung*"[55]. Zugleich äußert sich darin symbolisch das staatliche Selbstbild.[56]

Das Bundesverfassungsgericht aktualisiert den legitimitätsstiftenden Grundkonsens und klärt die Grenzen legitimer Interessenverfolgung.[57] Es sieht dabei in gefestigter Rechtssprechung das Gesetz als bleibenden Ausdruck „*sozialethischer und – ihr folgend – rechtlicher Bewertung menschlicher Handlungen; es soll sagen, was für den Einzelnen Recht und Unrecht ist*".[58] Dies macht es jedoch, wie gesehen, nicht zum einzigen Regulierungsinstrument staatlichen Lebens. Dazu gehören zum Beispiel auch Sozialnormen, Verkehrssitte, politischer Stil und politische Kultur.[59]

3. Werthierarchie des Grundgesetzes

Im Grundgesetz stehen nicht alle Vorschriften auf einer Stufe. Es konstituiert vielmehr eine Hierarchie. Bestimmte Grundwerte werden gemäß Artikel 79 Abs. 3 GG, der sogenannten Ewigkeitsgarantie oder Revisionsnorm, für unabänderlich erklärt. Diese können nicht durch ein Verfassungsänderungsverfahren, sondern höchstens gemäß Artikel 146 GG durch eine neue Verfassung tangiert werden. Nach dieser Ewigkeitsgarantie ist eine Änderung des Grundgesetzes, „*durch welches die Gliederung des Bundes in Länder, die grundsätzliche Mitwirkung der Länder bei der Gesetzgebung oder die in den Artikeln 1 und 20 niedergelegten Grundsätze berührt werden*", unzulässig. In Artikel 1 Abs. 1 S. 1 GG, also an hervorgehobener Position, ist die Menschenwürde normiert.[60] Sie ist, wie es das Bundesverfassungsgericht

---

55 „*Das Grundgesetz ist eine wertgebundene Ordnung, die den Schutz von Freiheit und Menschenwürde als den obersten Zweck allen Rechts erkennt; sein Menschenbild ist nicht das des selbstherrlichen Individuums, sondern das der in der Gemeinschaft stehenden und ihr vielfältig verpflichteten Persönlichkeit*", BVerfGE 12, 45 (51) – Kriegsdienstverweigerung I.

56 Schuppert, in: Schuppert/Bumke, S. 7 (8).

57 S. Ebsen, in: Schuppert/Bumke, S. 83 (87 ff.).

58 BVerfGE 39, 1 (59) – Schwangerschaftsabbruch I; dazu Benda, HVerfR I, Rn. 54.

59 Zippelius/Würtenberger, Staatsrecht, § 7 III 2 Rn. 73.

60 Artikel 1 GG lautet:
    (1) Die Würde des Menschen ist unantastbar. Sie zu achten und zu schützen ist Verpflichtung aller staatlichen Gewalt.
    (2) Das Deutsche Volk bekennt sich darum zu unverletzlichen und unveräußerlichen Menschenrechten als Grundlage jeder menschlichen Gemeinschaft, des Friedens und der Gerechtigkeit in der Welt.

formuliert hat, der „*oberste Verfassungswert*"[61] und „*tragendes Konstitutions-prinzip*"[62]. Außerdem enthält Artikel 1 GG das Bekenntnis zu den Menschenrechten. Er konstituiert die Bindung von Gesetzgebung, vollziehender Gewalt und Rechtsprechung an die Grundrechte als unmittelbar geltendes Recht. Artikel 1 GG ist damit auch die Basis für die Grundrechte. Die Menschenwürdegarantie verstärkt deren Effektivität, eine Reihe von Freiheitsrechten ist ihr Ausfluss.[63]

Zu den tragenden Konstitutionsprinzipien gehören auch die Maßgaben von Artikel 20 GG, welcher auch als organisationsrechtliche Grundnorm bezeichnet wird.[64] Dieser stellt klar, dass Deutschland eine Republik, eine Demokratie, ein Bundesstaat, ein Rechtsstaat und ein Sozialstaat ist. Diese Prinzipien drücken die Grundentscheidungen aus, die für das politische und gesellschaftliche Miteinander in der Bundesrepublik maßgeblich sind. Sie setzen dem Wandel der Verfassung Grenzen.[65] Sie wirken dabei über Artikel 28 GG auf die Bundesländer zurück und über Artikel 23 GG auch auf die Europäische Ebene. In seiner Lissabon-Entscheidung hat das Bundesverfassungsgericht diese Prinzipien zur „*Verfassungsidentität*"[66] erklärt. Sie stellen einen universellen Grund dar und können durch das positive Recht nicht aufgegeben werden.[67] In der Regel werden sie bei der Rechtsanwendung auf Einzelfälle nicht unmittelbar hinzugezogen, da Einzelregelungen und die die Prinzipien konkretisierende Zwischenstufen, die ja aus diesen Grundlagen entspringen, vorgeschaltet sind.[68]

Diese Grundsätze sind Bestandteil der Staatsform, die das Bundesverfassungsgericht als „*freiheitlich demokratische Grundordnung*"[69] bezeichnet hat.

---

(3) *Die nachfolgenden Grundrechte binden Gesetzgebung, vollziehende Gewalt und Rechtsprechung als unmittelbar geltendes Recht.*

61 BVerfGE 109, 279 (311) – Großer Lauschangriff.
62 BVerfGE 6, 32, (36) – Elfes; BVerfGE 109, 279 (311) – Großer Lauschangriff; s. dazu Antoni, in: Hömig, Art. 1 Rn. 1.
63 Das Lebensrecht (Artikel 2 Abs. 2 GG), die Unverletzlichkeit der Wohnung (Artikel 13 GG), das Brief-, Post- und Fernmeldegeheimnis (Artikel 10 GG) sowie die Justizgrundrechte (zum Beispiel der Anspruch auf rechtliches Gehör in Artikel 103 Abs. 1 GG), Bethge, Vortrag Menschenwürde.
64 Vgl. Maunz/Zippelius, Staatsrecht, § 10 II 2.
65 S. dazu Kirchhof, in: HStR II, § 21. Rn. 63.
66 BVerfGE 123, 267 (344) – Lissabon.
67 BVerfGE 123, 267 (344) – Lissabon; s. dazu auch Kellermann, Kurzanalyse 1/2009.
68 Zum Beispiel der sich aus dem Rechtsstaatsprinzip ergebende Grundsatz des Vertrauensschutzes, Maurer, Staatsrecht I, § 6, Rn. 7.
69 Dabei handele es sich um eine Ordnung, „...*die unter Ausschluss jeglicher Gewalt und Willkürherrschaft eine rechtsstaatliche Herrschaftsordnung auf der Grundlage der Selbstbestimmung des Volkes nach dem Willen der jeweiligen Mehrheit und der Freiheit und Gleichheit darstellt. Zu den grundlegenden Prinzipien dieser Ordnung sind mindestens zu rech-*

In ihr finden sich die freiheitssichernden Grundsätze des liberalen Staates verbunden mit einer rechtsstaatlichen Sicherungen unterworfenen, einem Mehrheitsabsolutismus vorbeugenden Demokratie.[70]

4. Sonderrolle der Grundrechte

Für das Gelingen dieser auf freier individueller Entfaltung und Gleichheit basierenden Ordnung hat das Bundesverfassungsgericht den Grundrechten eine Sonderrolle eingeräumt: *„Die Grundrechte bilden einen untrennbaren Teil der Verfassung; sie sind der eigentliche Kern der freiheitlich-demokratischen Ordnung des staatlichen Lebens im Grundgesetz"*[71]. Diese Kernfunktion hängt damit zusammen, dass die Grundrechte von den verfassungsrechtlichen Grundwerten die größte Alltagswirkung entfalten – vom Datenschutz bis hin zur Gestaltung des Wochenendes, wenn es etwa um die sonntägliche Öffnung von Geschäften geht.[72] Gerade die Grundrechte sind die verfassungsrechtlichen Ressourcen zur Regulierung der bezeichneten Wandlungstendenzen. Sie haben eine lange staatstheoretische Geschichte und große politische Kämpfe hinter sich. Ihrer tatsächlichen Geltungskraft wird in Deutschland durch die unmittelbaren Einklagmöglichkeiten der Boden bereitet.[73]

Im Grundrechtsteil wird die Überführung vorstaatlicher Werte in das Recht sichtbar.[74] Es drückt somit seine Anerkennung bestimmter ethischer Werte aus. Durch die Verfassung als *„rechtlicher Grundordnung des Gemeinwesens"*[75] haben diese Werte jedoch auch Ausstrahlungskraft auf Gesellschaft

---

nen: die Achtung vor den im Grundgesetz konkretisierten Menschenrechten, vor allem vor dem Recht der Persönlichkeit auf Leben und freie Entfaltung, die Volkssouveränität, die Gewaltenteilung, die Verantwortlichkeit der Regierung, die Gesetzmäßigkeit der Verwaltung, die Unabhängigkeit der Gerichte, das Mehrparteienprinzip und die Chancengleichheit für alle politischen Parteien mit dem Recht auf verfassungsmäßige Bildung und Ausübung einer Opposition", BVerfGE 2, 1, 2. Leitsatz – SRP-Verbot; dazu näher Maurer, Staatsrecht I, § 23, Rn. 5.

70 Maunz/Zippelius, Staatsrecht, § 11 III 6.
71 Zum Beispiel BVerfGE 31, 58 (73) – Spanier-Beschluss; zum Grundgesetz als Grundrechtsverfassung *„von hoher Perfektion"* Bethge, Verfassungsrecht S. 103 ff.
72 S. BVerfG, 1 BvR 2857/07 vom 1.12.2009 – Ladenöffnungsgesetz. Man denke auch an die Gleichberechtigung von Frau und Mann, Chancengleichheit im Bildungswesen, Mitbestimmung im Betrieb, Koalitionsfreiheit und Streikrecht, Beispiele von Schneider, in: Grimm, S. 1; die Alltagsbezogenheit der Grundrechte ebenfalls hervorhebend Antoni, in: Hömig, Vorb. vor Art. 1 (Grundrechte), Rn. 1.
73 Dreier, Vorb. vor Art. 1, Rn. 84.
74 Oberreuter, Werte als Herausforderung, S. 5.
75 Hesse, Verfassungsrecht, Rn. 17.

und Politik.[76] Dies entspricht dem Selbstverständnis des Grundgesetzes als wertgebundener Ordnung. [77] In ihrer Offenheit geben sie der politischen Lösungsfindung zumindest eine Richtung vor und bieten gesellschaftlicher Wertbildung und Verhaltensweisen einen Orientierungsrahmen.[78] Die zentrale Funktion der Grundrechte liegt in der Abwehr von ungerechtfertigten staatlichen Eingriffen. Staatliches Handeln muss, wenn es in individuelle Freiheitsbereiche eingreift, den grundrechtlichen Schutzgütern entsprechen. Diese Abwehrfunktion betrifft die Freiheit vom Staat im Privaten. Die Teilhabefunktion der Grundrechte sichert die Freiheit, als aktiver Bürger am Staat mitzuwirken.[79] Ebenfalls zur subjektiven Dimension gehört die Funktion der Grundrechte als Leistungsrechte – etwas beim Anspruch gegen den Staat auf existenzsichernde Leistungen (nämlich aus dem Menschenwürdesatz in Verbindung mit dem Sozialstaatsprinzip)[80] oder im Zusammenhang mit dem Grundsatz der Gleichbehandlung[81].

Neben der subjektiv-rechtlichen Dimension der Grundrechte zeigt sich eine objektiv-rechtliche Dimension in der Ausstrahlungsfunktion auf die gesamte Rechtsordnung und den Schutzpflichten des Staates zur Vermeidung von Grundrechtseingriffen durch Private.[82] Durch sogenannte Einrichtungsgarantien erfahren ausgestaltungsintensive Grundrechte wie der Schutz von Ehe- und Familie (Artikel 6 Abs. 1 GG) und des Eigentums (Artikel 14 Abs. 1 GG) einen gewissen Substanzschutz.[83] Im Sinne der Optimierung ihrer rechtstatsächlichen Entfaltung haben sie – von den sogenannten Justizgrundrechten abgesehen[84] – Maßstabsfunktion für Organisations-

---

76 Zur Unterscheidung politischer von nichtpolitischen Grundwerten Rawls, Pol. Liberalismus, S. 225 f.
77 Verfassungshistorisch für die deutsche Situation, aber auch international einflussreich und maßgeblich die Grundsatzentscheidung „Lüth" BVerfGE 7, 198 (insbes. 204 ff.); der darin enthaltene Terminus „*Wertordnung*" tritt mittlerweile zunehmend zugunsten der Rede von „*objektiv-rechtlichen Gehalten*" oder „*Elementen objektiver Ordnung*" zurück, Dreier, in: Dreier, Vorb. vor Art. 1 GG, Rn. 94 mit Rechtsprechungsbeispielen.
78 Vgl. Oberreuter, Werte als Herausforderung, S. 5 und 11.
79 Zu entsprechenden Differenzierungen innerhalb des Abwehraspektes der Grundrechte Dreier, in: Dreier, Vorb. vor Art 1 GG, Rn. 84 ff.; zu den gängigen Bezeichnungen für die Abwehr- bzw. politische Teilhabefunktion, nämlich „status negativus" und „status activus" Zippelius/Würtenberger, Staatsrecht, § 17 I 2 Rn. 2 ff.
80 Dreier, in: Dreier, Vorb. vor Art. 1 GG, Rn. 89.
81 Dreier, in: Dreier, Vorb. vor Art. 1 GG, Rn. 91 ff.
82 Dreier, in: Dreier, Vorb. vor Art. 1 GG, Rn. 101 ff.
83 Dreier, in: Dreier, Vorb. vor Art. 1 GG, Rn. 107.
84 Zum Beispiel das Verbot von Ausnahmegerichten und die Garantie des gesetzlichen Richters (Artikel 101 Abs. 1 GG), der Anspruch auf rechtliches Gehör (Artikel 103 Abs. 1 GG), der Anspruch auf ein faires Verfahren (Rechtsstaatsprinzip i.V. m. Artikel 2 Abs. 1 GG), „Nulla-poena-sine-lege"-Grundsatz (Artikel 103 Abs. 2 GG), Verbot der Mehrfachbestrafung (Artikel 103 Abs. 3 GG).

und Verfahrensgestaltung und die grundrechtsfreundliche Anwendung von Verfahrensvorschriften.[85]

5. Verfassung und Wandel

Die Verfassung steht in der Zeit. Sie soll ein Fundament sein, das wechselnden politischen Konstellationen und gesellschaftlichen Veränderungen Halt gibt, die sie stabilisiert.[86] Dies bedeutet nicht, dass sie starr ist. Um ihre Akzeptanz zu wahren und ihre Grundlagenfunktionen überhaupt wahrnehmen zu können, ist die Verfassung auf eine Entwicklung hin ausgelegt.[87] Dies gilt selbst für die für unabänderlich erklärten Verfassungsprinzipien (Artikel 73 Abs. 3 GG). Diese *„bieten ... so viel Auslegungsspielraum, dass ihre Bestandskraft im politischen und sozialen Wandel auf Dauer gesichert erscheint"*[88].

Entwickeln lässt sich die Verfassung mit und ohne Textänderung. In Deutschland sind ausdrückliche Verfassungsänderungen den Trägern der gesetzgebenden Gewalt vorbehalten, während in vielen andern Ländern die Zustimmung des Volkes durch Volksabstimmungen einzuholen ist.[89] Die Verfassung kann sich jedoch auch durch Interpretation entwickeln. In jedem Fall lässt sich sagen: *„Ein relevanter Änderungsbedarf findet einen Weg, sei es den der formellen Verfassungsänderung oder den der Behauptung eines Verfassungswandels oder der Neu-Interpretation oder – dies ist der schlechteste – der Verminderung der Bedeutung der Verfassung"*[90].

In der verfassungstheoretischen Literatur werden Entwicklung und zeitgemäße Auslegung der Verfassung unter dem Begriff des Verfassungswandels diskutiert.[91] Im Allgemeinen wird darunter die Änderung des Ursprungssinns von Verfassungsnormen ohne Textänderung verstanden. Verfassungswandel wird in verschiedenen Zusammenhängen ins Spiel gebracht: bei der Frage des Verhältnisses von Bundesverfassungsgericht und

---

85 BVerfGE 69, 315 (355) – Brokdorf; Dreier, in: Dreier, Vorb. vor Art. 1 GG, Rn. 105.

86 Zur Stabilisierungsfunktion der Verfassung Wahl, Verfassungsgebung, in: Wahl, S. 29f. m.w.N.

87 Wahl, Verfassungsgebung, in: Wahl, S. 29 (30 ff.).

88 Schneider, in: Grimm S. 1 (11).

89 Wahl, Verfassungsgebung, in: Wahl, S. 29 (37); s. Artikel 79 Abs. 1 S. 1 GG: *„Das Grundgesetz kann nur durch ein Gesetz geändert werden, das den Wortlaut des Grundgesetzes ausdrücklich ändert oder ergänzt"*. Das Zweidrittel-Mehrheitserfordernis in Bundestag und Bundesrat ist in Artikel 79 Abs. 2 GG formuliert.

90 Wahl, Verfassungsgebung, in: Wahl, S. 29 (47).

91 Klassische Texte etwa Lerche, in: FS Maunz und Böckenförde, in: FS Lerche.

verfassungsänderndem Gesetzgeber, beim Problem der Grenzen der Verfassungsänderung durch Rechtsprechung und bei der Zulässigkeit von Verfassungsgewohnheitsrecht.[92] Eine eigenständige Systematik hat die Theorie vom Verfassungswandel jedoch nicht entwickelt. In der Gesamtsicht handelt es sich lediglich um eine *„Chiffre für die vielfältigen Fortentwicklungsmöglichkeiten einer zeitgeprägten offenen Verfassung jenseits der formellen Verfassungsänderung"*[93].

6. Einschränkungen der normativen Ressource Verfassung

Freilich ist auch Skepsis gegenüber der Überstrapazierung der Verfassung zur Lösung normativer Probleme angebracht: Der in ihr niedergelegte Konsens kann angesichts der intendierten demokratisch-pluralen Entfaltungsmöglichkeiten nur schmal sein – eben ein Grundkonsens.[94] Ethische Normen sind in stetem Wandel begriffen, der sich nicht durch formelle Verfahren abbilden lässt. Die Verfassungsordnung schützt das achtenswerte Interesse des Menschen, über existentielle und für seine Lebensgestaltung bedeutsame Konflikte selbst zu entscheiden. Aufgrund der Gemeinschaftsbezogenheit der Verfassungsordnung müssen vom Gesetzgeber aber auch die Rechte anderer und Gemeinschaftsinteressen beachtet werden.[95] Zudem sind hohe Anforderung an die Verfassungsnormen und deren Auslegung zu stellen, um als wandlungsstabilisierende, normative Ressource in Frage zu kommen. Sie müssen die *„sozialen, politischen oder ökonomischen Gesetzlichkeiten ihrer Zeit"*[96] aufnehmen können. Sie sollen die Kapazität haben, sich *„mit den spontanen Kräften und lebendigen Tendenzen der Zeit"*[97] zu verbinden und diese zur Entfaltung zu bringen. Die konkreten Lebensverhältnisse sollen in eine *„sachliche Gesamtordnung"*[98] gefasst werden. Dabei muss aber die Bereitschaft bestehen, *„das eigene Verhalten durch die von der Verfassung bestimmte Ordnung bestimmen zu lassen"*: gegenüber Zweifeln an den normativen Aussagen und *„augenblicklichen Nützlichkeitserwägungen"*.[99] Gera-

---

92   Voßkuhle, in: Wahl, S. 201 m.w.N.
93   So das Ergebnis von Voßkuhle, in: Wahl, S. 201 (210).
94   So ist *„Grundkonsens ... weniger als Konsens"*, so Starck, in: Schuppert/Bumke, S. 227; s. zudem Fraenkel, in: v. Brünneck, S. 74 (84 f. u. 89 f.); Oberreuter, Politische Bildung, S. 9 f.
95   Vgl. Benda, HVerfR I, Rn. 55.
96   Hesse, Normative Kraft, S. 11.
97   Hesse, Normative Kraft, S. 11.
98   Hesse, Normative Kraft, S. 12.
99   Hesse, Normative Kraft, S. 12.

de bei den politisch Verantwortlichen müsste *„nicht nur der Wille zur Macht, sondern vor allem der Wille zur Verfassung lebendig"*[100] sein. Anders verlöre der Grundkonsens seine steuernde Funktion.

Die Wucht des Kommerzes, die nicht immer allzu leicht erkennbare Beachtung der ethischen Grundlagen der Verfassung im politischen Alltag, die oft nur minimale Steuerungskraft des Rechts in Wissenschaft und Technik,[101] die kulturellen Herausforderungen durch Migration sind Rahmenbedingungen, die den Rückgriff auf die verfassungsrechtliche Normenwelt vor große Herausforderungen stellen. Jedoch ist die Verfassung als Konsensbasis und verbindliche Grenze der Auswirkungen des Wandels in einer hochtechnisierten pluralistischen Gesellschaft umso unverzichtbarer. Antworten auf derartige Herausforderungen liegen jedoch nicht fertig auf dem Tisch. Der Schlüssel, um den Wandel und Recht in Balance zu halten, ist eine angemessene Interpretation der verfassungsrechtlichen Vorgaben. Dabei geht es auch darum, den Maßstab der *„wertimprägnierten Entscheidung und die Entscheidung selbst rational, plausibel und transparent zu gestalten"*[102]. Dies soll an ausgewählten Problemstellungen deutlich gemacht werden, die in besonderer Weise zeittypische Veränderungen repräsentieren, welche durch den technischen und gesellschaftlichen Wandel hervorgerufen werden.

---

100 Hesse, Normative Kraft, S. 12.
101 S. zu den *„Mythen der Technikrechtsentwicklung"* Trute, HStR IV, § 88 Rn. 1.
102 In Zusammenhang mit dem Konflikt zwischen der Gewissensfreiheit und kollidierenden Verfassungsgütern Bethge, HStR VII, § 158 Rn. 52.

II. Verfassung als Stabilisator des Wandels? Paradigmatische Beispiele der Verfassungsinterpretation

Für das gesellschaftliche Miteinander ist es wichtig, Lösungen zu finden, um den Wandel zu stabilisieren. Der Verfassungsinterpretation kommt dabei eine wichtige Rolle zu[103], allein schon deswegen, da sie für eine konkrete historische Situation verbindliche Antworten produziert – was nicht bedeutet, dass ein mögliches *„überhöhtes Werteverständnis"* auf einen schlichten Verfassungsvollzug durch den Gesetzgeber zielt und die Politik auf diese Weise *„konstitutionalisiert"*.[104] Normalerweise sollte das Recht dazu gerüstet sein, Wandel abzufedern. Verschiedene Grundlagendiskussionen zeigen jedoch, wie schwierig es ist, gerade bei ethisch-kulturell aufgeladenen Themen, wie etwa Menschenwürde, Freiheit und Sicherheit sowie Ehe und Familie, die Integrationsfunktion der Verfassung zur Geltung zu bringen.

A. Grundlagen der Verfassungsinterpretation

Das Ziel, durch die Verfassung Konsens herzustellen, ist der Hauptgrund, weshalb ihr Wortlaut offen, mehrdeutig, geradezu *„breit und vage"*[105] formuliert ist. Dies zeigt sich insbesondere bei den Grundrechten. Der Präzisierung dient die Verfassungsauslegung. Gerade bei neuartigen Konfliktfällen ist die notwendige Fortschreibung des Verfassungskonsenses ein *„offener Prozess"*.[106] Die Diskussion über die richtige Methode der Verfassungsinterpretation bildet dabei den *„archimedischen Punkt"* des Verfassungsrechts.[107] An dieser Frage entscheiden sich die Deutungshoheit über die Inhalte der Verfassung und ihre Konsequenzen für das staatliche Leben. Im wohl extensivsten Konzept sind in der *„offenen Gesellschaft der Verfassungsinterpreten"*[108] verschiedene Akteure zumindest mit der Vorinterpretation des Grundgeset-

---

103 *„Gesellschaftlicher Wandel wurde und wird vorwiegend im Wege der Interpretation abgefangen"*, Wahl, Verfassungsänderung, in: Wahl, S. 65 (76).
104 Scholz, in: Koll. Lerche, S. 9 (11 f.).
105 Grimm, Verfassungspatriotismus, S. 107 (116).
106 Hofmann, Recht, Politik, Religion, S. 65 (89 f.).
107 S. Wahl, Verfassungsgebung, in: Wahl, S. 29 (45).
108 Häberle, JZ 1975, S. 297 ff.

zes befasst: vom Gesetzgeber mit seiner „*Erstinterpretation der Verfassung*"[109], der Verfassungsrechtswissenschaft bis hin zur Bundesregierung[110], zudem Bürger, Verbände und Medien.[111]

1. Prägekraft der Verfassungsinterpretation

In Systemen mit einer starken Verfassungsgerichtsbarkeit, wie in der Bundesrepublik, ist für die interpretatorische Entwicklung das Verfassungsgericht maßgeblich. Die Rechtsprechung des Bundesverfassungsgerichts hat mittlerweile „*den Text des Grundgesetzes so überlagert und fortentwickelt, dass das Verfassungsrecht weniger im Grundgesetz, als vielmehr in den Entscheidungen des Bundesverfassungsgerichts steht*"[112]. Dies entspricht der „*situations-, zeit- und bereichsspezifischen Verfassungsverwirklichung*"[113]. Auch wenn meist Einzelfälle Anlass für verfassungsrechtliche Klärungen sind, strahlen die Entscheidungen auf das politische und gesellschaftliche Leben aus[114] und prägen es, gerade im Bereich der Grundrechte.

Was durch Verfassungsinterpretation konstruiert oder rekonstruiert wird, war lange Gegenstand eines Grundsatzstreits.[115] Ein Weg der Interpretation knüpfte an den konkreten Willen des historischen Verfassungsgesetzgebers an. Dieser „*original intent*" müsse im Einzelfall ermittelt werden.[116] Das Bundesverfassungsgericht folgt jedoch der Auffassung, dass bei der Lösung

---

109 Vgl. Kirchhof, in: HStR II, § 21. Rn. 63.

110 Bei der Verfassungsinterpretation durch Verfassungskonkretisierung zum Beispiel durch die politische Praxis der Bundesregierung, die Beschlüsse hinsichtlich des Rechts des Bundestages durch den Bundestagsauschuss für Wahlprüfung, Immunität und Geschäftsordnung, Schulze-Fielitz, in: Wahl, S. 219 (224 f.); zur offenen Gesellschaft der Verfassungsinterpreten, Häberle, JZ 1975, S. 297 ff.

111 Vgl. Häberle, JZ 1975, S. 297 ff.; s. auch Maurer, Staatsrecht I, § 1, Rn. 59; kritische Diskussion dieses Konzepts bei Starck, HStR VII, § 164 Rn. 25.

112 Würtenberger, Verfassungsänderung, in: Wahl, S. 49 (54).

113 Mit Blick auf die „*dirigierende Grundordnung*" Zippelius/Würtenberger, Staatsrecht, § 5 II 2 Rn. 24.

114 Formaljuristisch äußert sich dies in § 31 des Bundesverfassungsgerichtsgesetzes (BVerfGG), wonach seine Entscheidungen „*die Verfassungsorgane des Bundes und der Länder sowie alle Gerichte und Behörden*" binden und ihnen in bestimmten Fällen Gesetzeskraft zukommt.

115 S. dazu Maunz/Zippelius, Staatsrecht, § 7 I a.

116 Dazu Maurer, Staatsrecht I, § 1, Rn. 49; Wahl, Verfassungsgebung, in: Wahl, S. 29 (44). Gegen diese Auffassung spricht jedoch – neben den begrenzten Möglichkeiten, den Willen der an der Verfassungsgebung Beteiligten wiederzugeben – die kaum realistisch anzunehmende Übereinstimmung der Motive und Annahmen der einzelnen Mitglieder des verfassungsgebenden Gremiums, Maunz/Zippelius, Staatsrecht, § 7 I a.

einer verfassungsrechtlichen Streitfrage der *objektive Wille des Gesetzgebers* oder *der Wille des Gesetzes*[117] ermittelt werden muss. Dadurch wird es möglich, das Verfassungsrecht an gewandelte gesellschaftliche und technologische Rahmenbedingungen anzupassen. Diese werden also – anders als bei der ausschließlich an den *original intent* anknüpfenden Konzeption – ohne ausdrückliche rechtliche Entscheidung als integrierter Bestandteil der Auslegung angesehen und liegen der Auslegung von Anfang an zugrunde.[118]

2. Verfassungsspezifische Interpretationsmethode

Die Erkenntnis des „objektiven" Willens erwächst aus der Anwendung mehrerer Interpretationsmethoden. Dazu gehören die *grammatische* Auslegung, die den Wortlaut der Norm ins Zentrum stellt, die *systematische* Auslegung, die die Norm in ihrem Zusammenhang sieht, die *teleologische* Auslegung, die auf den Normzweck abstellt und die *historische* Auslegung, die den Willen des Gesetzgebers (zum Beispiel durch Protokollmaterialien) zu ermitteln versucht.[119]

Diese Interpretationsmethoden sind nicht auf das Verfassungsrecht beschränkt. Sie finden vielmehr allgemein Anwendung bei der Auslegung von Rechtsnormen. Die Auslegung des Verfassungsrechts ist jedoch in mehrfacher Hinsicht spezifisch: Wie gesehen, verzichtet der Verfassungsgeber gerade im Grundrechtsteil in der Regel auf Konkretisierungen zugunsten von abstrakten Formulierungen,[120] um die Grundrechte entwicklungsoffen zu halten. Daraus wurden verfassungsrechtstypische Auslegungsgrundsätze entwickelt.[121] Diese stehen nicht neben den traditionellen Methoden, sondern konkretisieren diese mit Blick auf das Verfassungsrecht:

Dazu gehören
– das Prinzip der Einheit der Verfassung, durch welches Widersprüche zwischen Verfassungsnormen vermieden werden sollen,[122]

---

117 Im Anschluss an Gustav Radbruch *„Das Gesetz kann eben klüger sein als die Väter des Gesetzes"* BVerfGE 36, 342 (362) – Niedersächsisches Landesbesoldungsgesetz, bei Maurer, Staatsrecht I, § 1, Rn. 49.
118 Wahl, Verfassungsgebung, in: Wahl, S. 29 (45).
119 S. Schneider, in: Grimm, S. 1 (12).
120 S. auch Schneider, in: Grimm, S. 1 (11).
121 Maurer, Staatsrecht I, § 1, Rn. 60.
122 Maurer, Staatsrecht I, § 1, Rn. 61.

- das Prinzip der praktischen Konkordanz, welches besagt, dass bei Kollisionen von Verfassungsgütern beide zur optimalen Wirksamkeit gebracht werden sollen,[123]
- das Prinzip der funktionellen Richtigkeit, durch welches das die Verfassung auslegende Organ sich im Rahmen seiner Zuständigkeiten bewegen muss, mithin kein Ersatzgesetzgeber sein darf,[124]
- das Prinzip der integrierenden Wirkung, welches den Vorzug der einheitsstiftenden Auslegungsgesichtspunkte sicherstellen soll,[125]
- und das Prinzip der normativen Kraft der Verfassung, das die Auslegung auf die juristische Wirkkraft hin ausgestaltet, nämlich, im Gegensatz zu schlichten Programmsätzen, auf die Effektivität der Rechtssätze im Rechtsleben zielt (wie es durch Artikel 1 Abs. 3 GG für die Grundrechte gilt).[126]

Die tatsächlichen Auswirkungen dieser Interpretationsmethoden sind jedoch nicht klar.[127] So wird der juristischen Methodik oftmals höchstens eine Kontroll- bzw. Warnfunktion zugesprochen, nicht unbedingt die Gewähr richtiger Entscheidungen.[128] Die große Vielfalt der verfassungsspezifischen methodischen Herangehensweisen erlaubt es, *situationsspezifisch zu reagieren*[129], wenn sich auch Defizite in der Konsistenz der Methodenanwendung ergeben.[130] Die Auslegung reduziert sich also nicht auf den genannten Interpretationskanon. Der Weg hin auf das dem Gericht *richtig erscheinende Ergebnis*[131], ethische Argumente und das Bemühen um eine breite Informationsgrundlage sind ebenfalls Faktoren, die den Auslegungsprozess formen.[132]

123 Maurer, Staatsrecht I, § 1, Rn. 62.
124 Maurer, Staatsrecht I, § 1, Rn. 63.
125 Maurer, Staatsrecht I, § 1, Rn. 64.
126 Maurer, Staatsrecht I, § 1, Rn. 65.
127 Zu den Realitäten bei der Entscheidungsfindung Kranenpohl, Beratungsgeheimnis.
128 Mahrenholz, in: FS Hesse, S. 53 (60), zit. nach Kranenpohl, Beratungsgeheimnis, S. 335.
129 Kranenpohl, Beratungsgeheimnis, S. 334.
130 S. Mahrenholz, in: FS Hesse, S. 3 (60), zit. nach Kranenpohl, Beratungsgeheimnis, S. 335.
131 Mahrenholz, in: FS Hesse, S. 53 (60), zit. nach Kranenpohl, Beratungsgeheimnis, S. 335.
132 Kranenpohl, Beratungsgeheimnis, S. 335.

B. Ausgewählte Problemfelder

Die Herausforderungen, die für die Verfassungsinterpretation angesichts des Wandels entstehen, zeigen sich am deutlichsten an Problemfeldern, über die besonders intensive ethische Kontroversen[133] geführt werden. Dies sind insbesondere Beispiele, bei denen die körperliche Unmittelbarkeit, der Bezug zum Privaten und kulturelle Prägungen im Mittelpunkt stehen. Für erstere Gruppe ist der Komplex „Wissenschaftlicher Fortschritt und Menschenwürde" ein Beispiel. Auch die Ausbalancierung von „Freiheit und Sicherheit" mit Blick auf die Privatsphäre hat sich zu einem politischen Dauerthema entwickelt. Für letztere Problemgruppe stehen in besonderer Weise „kulturgeprägte Institutionen" wie die Ehe, die Feiertage und die Debatte über Veränderungen beider.

1. Wissenschaftlicher Fortschritt und Menschenwürde

Fortschritte der Wissenschaft und Kreation neuer Technologien sind wesentliche und zukunftsweisende Bestandteile für die gesellschaftliche Entwicklung. Die daraus potenziell folgenden normativen Fragestellungen betreffen ganz verschiedene Dimensionen. Sie sind durch einen hohen Komplexitätsgrad ausgezeichnet, der normative Orientierungen vor hohe Ansprüche stellt. So ist es gegebenenfalls bereits schwierig, die betroffenen Werte zu identifizieren, einschlägigen Argumente zu sichten und zu systematisieren sowie sorgfältige Abwägungen vorzunehmen, ganz zu schweigen von der Gewährleistung der notwendigen Kenntnisse der Sachverhalte. Angemessene Regulierungen sind eine große Herausforderungen für die Politik wie für die nationale und internationale Rechtssetzung. Schließlich geht es partiell um hochgradig ethische Fragen, die in politischen Verfahren auf nationaler und internationaler Ebene zu beantworten sind.

Die juristische Begleitung der Entwicklung von Wissenschaft und Technik ist in zeitlicher Hinsicht schwer zu greifen. Einerseits ist die Rede von einer chronischen Verspätung des Rechts, auf neue Entwicklungen zu reagieren. Auf der anderen Seite könne dem vorauseilenden Hinweis auf vermeintliche verfassungsrechtliche Verbote ein Blockadepotenzial für die Gewinnung des Wissens innewohnen.[134] Es stellt sich auch die Frage, inwieweit vor dem Hintergrund einer globalisierten Wissenschaft die Ent-

---

133 Dazu Wolf, Ethische Kontroverse.
134 Vgl. Trute, HStR IV, § 88 Rn. 1.

wicklungen überhaupt durch Recht steuerbar sind. In jedem Fall führen die engere Verzahnung von Wissenschaft, Technik und Gesellschaft sowie der daraus entstehende höhere Wertungsbedarf auch zum Vordringen des Rechts auf ehemals „rechtsexterne" Bereiche.[135]

Als Dreh- und Angelpunkt nicht nur der verfassungsrechtlichen Diskussion der Grenzen der Wissenschaft hat sich der Grundsatz der Menschenwürde erwiesen. Ihre verfassungsrechtliche Garantierung dient als allgemeiner Indikator der ethischen Bedingungen für die Festlegung der Grenzen des wissenschaftlichen Fortschritts, insbesondere in den Lebenswissenschaften.[136] Besondere Problemfelder, von denen kaum angenommen werden kann, dass sie den Müttern und Vätern des Grundgesetzes vor Augen gestanden haben, sind etwa die In-vitro-Fertilisation, Präimplantationsdiagnostik, Keimbahntherapie, Stammzellenforschung und Klonen[137], mechanische und neuronale Optimierungsmöglichkeiten des Menschen[138] bis hin zum Umgang mit Chimären[139]. Es geht hier um Lebensunmittelbares, das stark wertbehaftet ist. Bereits die Diskussion über den Träger der Menschenwürde verdeutlicht die Komplexität der aufgeworfenen Probleme. So geht es um den Beginn des Menschenwürdeschutzes des Embryos, den Forscher, dessen Freiheitsentfaltung ebenfalls Ausdruck der Menschenwürde ist, und auch womöglich um die Würde des genetisch veränderten Menschen.[140]

Der Versuch, den Gehalt des Würdeschutzes und seinen Anwendungsbereich zu klären, trifft auf die Komplexität des wissenschaftlichen Fortschritts und führt immer mehr zu einer Ausdifferenzierung dieses obersten Verfassungsgrundsatzes. Bei der Frage nach Möglichkeiten und Grenzen der Wissenschaft ist auch deren verfassungsrechtliche Ausgestaltung zu beachten.

1.1. Grenzziehung durch Menschenwürde – Bestimmung des Unantastbaren

Fortschritte in Wissenschaft und Technik eröffnen neue Freiheitspotenziale, können jedoch auch in die Freiheit des Individuums eingreifen und neue Machtpotenziale und Abhängigkeiten begründen. Entwicklungen, die vor-

---

135 Vgl. Trute, HStR IV, § 88, Rn. 11.
136 Badura, Staatsrecht, Teil C, Rn. 32.
137 S. als Beispiele zur rechtdogmatischen Behandlung dieser Fragen Dreier, in: Dreier, Art. 1 I; Rn. 92 ff.; Hofmann, in: Schmidt-Bleibtreu/Klein, Art. 1, Rn. 28 ff.
138 S. Talbot, Vortrag Medizinethik.
139 S. Infobrief Ethikrat, Mischwesen
140 Vgl. Herzog, Mensch des technischen Zeitalters, S. 33 (56 f.).

mals tatsächlich unmöglich gewesen sind, sind nunmehr lediglich rechtlich unmöglich.[141] Der Staat sieht sich also in der Rolle nicht nur des Förderers von Wissenschaft und Technik, sondern muss auch Grenzziehungen im Blick auf Risiken vornehmen.

Als allgemeine Grenze der durch Wissenschaft und Technik eröffneten Möglichkeiten steht die hochgradig moralische besetzte Menschenwürdegarantie im Blickpunkt. Die Diskussion macht sich stark im Bereich Biotechnologie fest[142]: Die Wissenschaft verspricht sich immense Fortschritte in der Bekämpfung schwerwiegender Krankheiten. Aber der dafür eingeforderten Forschungserlaubnis an Embryonen wird das Menschenwürdeargument entgegengehalten.[143] In diesem Zusammenhang wird auch argumentiert, dass es für die erweckten Hoffnungen kaum Anzeichen von Realisierung gibt und auch andere Forschungsstrategien dazu zu bestehen scheinen.[144]

1.1.1. Menschenwürde als Rechtsbegriff

Die Menschenwürde ist als philosophischer und juristischer Begriff von einer besonderen Unschärfe. Bei der Menschenwürde handelt es sich um einen Wert, der auf etwas Unbedingtes, Unabweisbares weist. Dies zeigt sich auch in der theologischen und philosophischen Tradition, zum Beispiel in der religiösen Rede von der Gottebenbildlichkeit des Menschen oder der kantische Würde des Menschen als *„Zweck an sich selbst"*[145]. Die Menschenwürde hat eine lange ideengeschichtliche Tradition.[146] Ihre Idee ruht auf einem vorstaatlichen Fundament.[147] Umschreiben lässt sie sich als Eigenwert, der dem Menschen um seiner selbst und nicht um anderer Güter und Zwecke willen zukommt. Außerdem ist mit der Menschenwürde der Anspruch verbunden, in der Fähigkeit zu moralischer Selbstbestimmung geachtet und nicht als bloßes Mittel zum Zweck gebraucht zu werden.[148]

Die Schöpfer des Grundgesetzes haben die Menschenwürde in Recht gegossen und an die Spitze der Verfassung gestellt. Sie übernahmen dabei

---

141 Herzog, Technik und Verfassung, S. 186 (192); s. auch Benda, HVerfR I, Rn. 44 ff.

142 Dazu gehören aber zum Beispiel auch die mit dem Thema Freiheit und Sicherheit zusammenhängenden Technologien, die umfassende Erreichbarkeit und reibungslose internationale Kommunikation ermöglichen, jedoch andererseits Gefährdungspotenziale für Persönlichkeitsrechte eröffnen.

143 S. typische Problemfelder der Diskussion bei Reiter, Communio 2006, S. 132 (138 ff.).

144 S. etwa die entsprechenden Argumentationen in Nat. Ethikrat, Stellungnahme Klonen.

145 Kant, GMS, B 75.

146 Dazu Dreier, in: Dreier, Art. 1 I, Rn. 1 ff.

147 Dederer, JöR 2009, S. 89 (100).

148 S. zum Begriffskern der Menschenwürde Zippelius/Würtenberger, Staatsrecht, § 21 II 2 Rn. 7.

einen *„in der europäischen Geistesgeschichte hervorgetretenen"* sittlichen Wert in das Recht auf, und warfen damit *„eine Art naturrechtlichen Anker"* aus.[149] Damit wandten sie sich gegen den *„unbedingten Primat des Staates"*[150], zeigten den *„Geist den neuen Staatswesens"* nach 1945[151] und formulierten *„den normativen Brennpunkt der mit dem Grundgesetz errichteten neuen, ,wertgebundenen Ordnung'"*[152]. Folge der Anerkennung der Menschenwürde ist das Bekenntnis zu den *„unverletzlichen und unveräußerlichen Menschenrechten"* in Artikel 1 Abs. 2 GG. Dadurch wird auf den vorstaatlichen, naturrechtlichen Ursprung der positivierten Grundrechte verwiesen, die alle staatliche Gewalt binden (Artikel 1 Abs. 3 GG).[153]

Als Rechtssatz lehnt die Menschenwürde die Frage ab, ob es sie gibt und aus welchen vorstaatlichen Quellen sie sich speist. In die Interpretation findet dennoch der Verweis auf vorstaatliches Recht Eingang, zumindest dann, wenn es um die Herleitung des Kernbestandes der Menschenwürde geht, auch wenn Artikel 1 Abs. 1 GG nur als *„ethisches Minimum"* fungiert.[154]

1.1.2. Konkretisierung der Menschenwürde

Die verfassungsrechtlich normierte Menschenwürde strahlt als *„tragendes Konstitutionsprinzip"*[155] und *„oberster Verfassungswert"*[156] auf alle Bestimmungen des Grundgesetzes aus.[157] Es handelt sich bei ihr um einen unbestimmten Rechtsbegriff.[158] Sein Gewährleistungsgehalt bedarf der Konkretisierung. Zu typischen Fällen der Verletzung der Menschenwürde gehören Folter, Sklaverei, Ausrottung ethnischer, religiöser, nationaler und rassischer Gruppen, Verschleppung, unmenschliche oder erniedrigende Strafen oder Behandlungsweisen, vollständige Entrechtung, Vernichtung sogenannten lebensunwerten Lebens und Menschenversuche, auch die Kommerzialisie-

---

149 S. Böckenförde, FAZ.net. Zu der Diskussion über die naturrechtlichen Wurzeln auch der Grundrechte Hillgruber, Communio 2010, S. 167 ff.
150 Antoni, in: Hömig, Art. 1, Rn. 2.
151 So der Abgeordnete Hermann von Mangoldt in seinem schriftlichen Bericht über Abschnitt I. Die Grundrechte, *Anlage Stenographischer Bericht*, S. 6, zit. nach Dederer, JöR 2009, S. 89 (99, Anm. 82).
152 Dederer, JöR 2009, S. 89 (99).
153 Hillgruber, Communio 2010, S. 167 (169 f.).
154 Dederer, JöR 2009, S. 89 (101); s. zur Rolle geistesgeschichtlicher Traditionen bei der Interpretation von Art. 1 GG auch Antoni, in: Hömig, Art. 1 GG Rn. 4.
155 Vgl. BVerfGE 6, 32 (36) – Elfes; BVerfGE 109, 279 (311) – Großer Lauschangriff.
156 BVerfGE 109, 279 (311) – Großer Lauschangriff; näher zur rechtssystematischen Bedeutung Schiedermair, in: Koll. Murswiek, S. 171 ff.
157 Vgl. BVerfGE 6, 32 (36) – Elfes.
158 Antoni, in: Hömig, Art. 1 Rn. 4.

rung von Personen.[159] Die Rechtsprechung leistet die Inhaltsbestimmung des Rechtsbegriffs der Menschenwürde durch Ansehung des einzelnen Sachverhalts und hat Fallgruppen und Regelbeispiele herausgebildet[160], in denen sich auch der Wandel und die Zeitbedingtheit der Problemstellungen widerspiegeln. Es standen zunächst, wie es das Bundesverfassungsgericht selbst zusammengefasst hat,[161] – mit Blick auf die Erfahrungen in der Zeit des Nationalsozialismus – Erscheinungen wie Misshandlung, Verfolgung und Diskriminierung im Vordergrund.[162] In einer seiner ersten Entscheidungen formulierte das Bundesverfassungsgericht, dass es bei der Menschenwürde um den Schutz vor Erniedrigung, Brandmarkung, Verfolgung, Ächtung usw. geht.[163] Im weiteren Verlauf diente die Menschenwürdegarantie als Maßgabe für den Umgang mit neuen Gefahren, die etwa mit der Datenerhebung und -verwertung zusammenhängen.[164] Die Verletzung von Grundsätzen der Menschlichkeit war Gegenstand der Rechtsprechung im Zuge der Aufarbeitung des Unrechts aus der Deutschen Demokratischen Republik, zum Beispiel hinsichtlich der Beschaffung und Weitergabe von Informationen.[165] Im Zentrum der derzeitigen Menschenwürdebestimmung stünden, so Karlsruhe vor nur einigen Jahren, *insbesondere Fragen des Schutzes der personalen Identität und der psychisch-sozialen Integrität*[166].

Um den Gehalt der Menschenwürde zu bestimmen, ist das Bundesverfassungsgericht wiederholt der Objektformel[167] gefolgt, wonach es mit der Würde des Menschen nicht vereinbar ist, ihn zum bloßen Objekt der Staatsgewalt zu machen.[168] Danach ist jede Behandlung des Menschen durch die öffentliche Gewalt verboten, wenn sie dessen Subjektqualität grundsätzlich in Frage stellt[169] und wenn sie die Achtung des Wertes vermissen lässt, der jedem Menschen um seiner selbst willen, *kraft seines Personseins*, zukommt[170]. Es sei im Einzelfall mit Blick auf die konkrete Situation

159 S. dazu die Beispiel bei Antoni, in: Hömig, Art. 1 Rn. 5.
160 BVerfGE 109, 279 (311 f.) – Großer Lauschangriff; Antoni, in: Hömig, Art. 1 Rn. 5.
161 S. dazu BVerfGE 109, 279 (311 ff.) – Großer Lauschangriff.
162 BVerfGE 109, 279 (312) – Großer Lauschangriff.
163 Vgl. BVerfGE 1, 97 (104) – Hinterbliebenenrente.
164 Vgl. BVerfGE 65, 1 – Volkszählung.
165 Vgl. BVerfGE 93, 213 (243 f.) – DDR-Rechtsanwälte.
166 BVerfGE 109, 279 (312) – Großer Lauschangriff.
167 Zur Geschichte der Objektformel, die mit dem Namen Dürig verbunden ist Böckenförde, FAZ.net, S. 3.
168 Vgl. BVerfGE 30, 1 (25 f. und 39 ff.) – Abhörurteil; BVerfGE 96, 375 (399) – Kind als Schaden.
169 Vgl. BVerfGE 30, 1 (26) – Abhörurteil; 87, 209 (228) – Tanz des Teufels; BVerfGE 96, 375 (399) – Kind als Schaden.
170 Vgl. BVerfGE 30, 1 (26) – Abhörurteil.

zu konkretisieren, wann eine solche Verletzung vorliegt.[171] Dabei werden Positiv- und Negativdefinitionen unterschieden, in denen sich verschiedene Theorieansätze wiederfinden.[172] Die Leistungskraft der Objektformel ist jedoch begrenzt.[173] So wie es das Bundesverfassungsgericht in seinem Urteil zum Großen Lauschangriff ausführt, ist der Mensch *„nicht selten bloßes Objekt nicht nur der Verhältnisse und der gesellschaftlichen Entwicklung, sondern auch des Rechts, dem er sich zu fügen hat"*[174].

1.2. Verfassungsrechtliche Ausgestaltung der Wissenschaft

Als Freiheitsrecht ist die Freiheit der Wissenschaft Ausdruck der Menschenwürde. Im Zuge der Ethisierung der Wissenschaft stellen sich auch Fragen der durch die Menschenwürde gezogenen Grenzen der Wissenschaft. Für die Erneuerungsfähigkeit von Staat und Gesellschaft ist die Wissenschaft ein wesentlicher Ideengeber.[175] Sie ist in ihrem Erkenntnisstreben eine Kulturerscheinung, geht aber darüber hinaus. Sie ist Grundlage der Industriegesellschaft, Innovationsmotor und Überlebensbedingung des Staates im globalen Wettbewerb, viele ihrer Institutionen sind Orte der zeitgenössischen Ausbildung von jungen Menschen, außerdem bietet sie einen Rahmen für das lebenslange Lernen.[176] Es fehlt jedoch eine konkrete Zielvorgabe für die Wissenschaft. Stattdessen geht es um die Bereitstellung von Freiräumen zur unbefangenen Fragestellung und einen inhaltlich offenen Erkenntnispro-

---

171 Vgl. BVerfGE 30, 1 (25) – Abhörurteil; BVerfGE 109, 279 (311) – Großer Lauschangriff.

172 Die Positivdefinition lassen sich einteilen in Wert- oder Mitgifttheorie sowie Leistungs- und Anerkennungstheorie. Das Bundesverfassungsgericht steht unausgesprochen, so Dederer, JöR 2009, S. 89, (107), der Werttheorie am nächsten.

173 Vgl. BVerfGE 30, 1 (25) – Abhörurteil.

174 So würde die Menschenwürde nicht schon dadurch verletzt, dass jemand zum Adressaten von Maßnahmen der Strafverfolgung wird, wohl aber dann, wenn durch die Art der ergriffenen Maßnahme die Subjektqualität des Betroffenen grundsätzlich in Frage gestellt wird, BVerfGE 109, 279 (312 f.) – Großer Lauschangriff.

175 Vgl. Kirchhof, Wissenschaft, S. 327. Die neuen, tiefgreifenden Entwicklungen der Wissenschaft werden grundsätzlich in einem Atemzug mit Technik genannt. Gingen früher Phasen von einer strikten Trennung von Wissenschaft und Technik aus, so wuchsen Wissenschaft und Technik im Zuge der Herausbildung der experimentellen, empirischen Wissenschaft zu einem Verbundbegriff, vgl. Trute, HStR IV, § 88 Rn. 3 m.w.N. Die *„Verschleifung"*, so Trute, HStR IV, § 88 Rn. 4, von Wissenschaft und Technik, die Angewiesenheit der Technik auf eine wissenschaftliche Basis, zeigt sich insbesondere in Großforschungseinrichtungen und bei der Biotechnologie, Trute, HStR IV, § 88 Rn. 5.

176 Vgl. Pernice, in: Dreier, Art. 5 III, Rn. 22 f.

zess.[177] Als „*Instrument zur Zielfindung*" hat sich die Wissenschaftsfreiheit als Kultur- und als Rechtsprinzip etabliert.[178]

1.2.1. Verfassungsrechtlicher Gehalt der Wissenschaft

Was Wissenschaft und Forschung genau ausmacht, ist selbst innerhalb der Wissenschaftstheorie nicht unstrittig bestimmt. Es ist sogar Hauptgegenstand dieser Disziplinen.[179] Verfassungsrechtlich sind die Freiheit der Wissenschaft und die Forschungsfreiheit in Artikel 5 Abs. 3 GG verbürgt.[180] Ihre Ursprünge hat die juridische Absicherung wissenschaftlicher Betätigungen in der Aufklärung, als das freie, auf Wahrheitssuche gerichtete Denken von theologischen und obrigkeitlichen Zwängen befreit werden sollte.[181] Wissenschaft in Artikel 5 GG fungiert als Oberbegriff von Forschung und Lehre.[182] Forschung meint die „*geistige Tätigkeit mit dem Ziel, in methodischer, systematischer und nachprüfbarer Weise neue Erkenntnisse zu gewinnen*"[183], Lehre die „*wissenschaftlich fundierte Übermittlung der durch die Forschung gewonnen Erkenntnisse*"[184]. Die klassische Grenzziehung von Wissenschaft und technischer Anwendung befindet sich dabei in einem Erosionsprozess. Wurde vormals die Generierung wissenschaftlichen Wissens unter Artikel 5 Abs. 3 GG gefasst und die Anwendung in den Schutzbereich der wirtschaftsbezogenen Grundrechte von Artikel 12 und 14 GG einbezogen, erscheint das klassische Modell zu undifferenziert, da Experimente mit entsprechender Technik der Wissenschaft inhärent sind.[185]

Die Kreativität schöpferischen Denkens, Suchens und Handelns, die der Wissenschaft eigen ist, ist Ausdruck menschlicher Eigenart und eben auch

---

177 Kirchhof, Wissenschaft S. 327.
178 Kirchhof, Wissenschaft S. 327.
179 S. zur aktuellen Diskussion Hoyningen-Huene, Information Philosophie 1/2009, S. 22 f.
180 Artikel 5 Abs. 3 GG lautet: „*Kunst und Wissenschaft, Forschung und Lehre sind frei. Die Freiheit der Lehre entbindet nicht von der Treue zur Verfassung.*"
181 Pernice, in: Dreier, Art. 5 III, Rn. 1. In Deutschland wurde – ohne vefassungsrechtliches Vorbild – die Wissenschaftsfreiheit in § 152 der Reichsverfassung der Paulskirche normiert: „*Die Wissenschaft und ihre Lehre sind frei*", zu den verfassungshistorischen Zusammenhängen Kühne, Reichsverfassung der Paulskirche, S. 499 ff. Auch die Preußische Verfassung von 1850 enthielt entsprechende Gewährleistungen. Art. 142 der Weimarer Reichsverfassung ergänzte den Passus um die Kunstfreiheit, Pernice, in: Dreier, Art. 5 III, Rn. 1.
182 Pernice, in: Dreier, Art. 5 III, Rn. 24 m.w.N.
183 Unter Hinweis auf den Bundesbericht Forschung BVerfGE 35, 79 (113) – Hochschul-Urteil; dazu Kannengießer, in: Schmidt-Bleibtreu/Klein, Art. 5, Rn. 30.
184 BVerfGE 35, 79 (113) – Hochschul-Urteil; dazu Kannengießer, in: Schmidt-Bleibtreu/ Klein, Art. 5, Rn. 30.
185 Trute, HStR IV, § 88 Rn. 23. Um hier die notwendigen Zäsuren zu setzen, fehlt es anscheinend noch an einem passenden Modell, vgl. Trute, HStR IV, § 88 Rn. 21 ff.

Würde.[186] Insofern entspricht die Freiheit der Wissenschaft der ebenfalls in Artikel 5 Abs. 3 GG geregelten Kunstfreiheit. Im Unterschied zur Kunst, in der das individuell subjektive Erleben verfassungsrechtlich zur Grundlage erklärt ist, geht es bei der Wissenschaft jedoch um objektivierbare, rational nachvollziehbare Intersubjektivität.[187] Adressaten der Wissenschafts- und Forschungsfreiheit sind Hochschulen, Wirtschaftsunternehmen mit ihrem Forschungspersonal und auch Privatforscher und Studierende.[188]

1.2.2. Wissenschaft als Freiheitsrecht und wertentscheidende Grundsatznorm

Die Wissenschaftsfreiheit ist ein Freiheitsrecht des Einzelnen, welches ihm gegen Eingriffe des Staates und auch privater Machtstrukturen[189] einen Freiraum verschafft. Dieser Freiraum umfasst *„die auf wissenschaftlicher Eigengesetzlichkeit beruhenden Prozesse, Verhaltensweisen und Entscheidungen bei dem Auffinden von Erkenntnissen, ihrer Deutung und Weitergabe"*[190]. Der Wissenschaftler kann also die Fragestellung frei bestimmen, eigene methodische Grundsätze entwickeln, Forschungsergebnisse bewerten und verbreiten.[191] Die Auslegung von Artikel 5 Abs. 3 GG durch das Bundesverfassungsgericht setzt die Wahrheitssuche und die Unabgeschlossenheit des Erkenntnisprozesses als Prägung des Grundrechts voraus.[192] Dabei sind die Richtigkeit der Methoden oder die Wahrheit der Ergebnisse keine Kriterien, so dass auch Mindermeinungen und wissenschaftliche Irrtümer von der Wissenschaftsfreiheit gedeckt sind.[193]

Neben dieser klassischen grundrechtlichen Abwehrfunktion ist Artikel 5 Abs. 3 GG auch eine wertentscheidende Grundsatznorm.[194] Der Staat hat demgemäß die objektive Pflicht, funktionsfähige Wissenschaftsinstitutionen bereitzustellen und einer Aushöhlung der Wissenschafts- und

---

186 Pernice, in: Dreier, Art. 5 III, Rn. 16.

187 Pernice, in: Dreier, Art. 5 III, Rn. 16.

188 Zippelius/Würtenberger, Staatsrecht; s. dazu auch BVerfGE 35, 79 (112 f.) – Hochschul-Urteil.

189 Pernice, in: Dreier, Art. 5 III, Rn. 21.

190 BVerfGE 47, 327 (367) – Hessisches Universitätsgesetz; Kannengießer, in: Schmidt-Bleibtreu/Klein, Art. 5, Rn. 30.

191 Artikel 5 Abs. 3 GG ist auch ein Kommunikationsgrundrecht, indem es das Recht des Forschers zur Veröffentlichung seiner Ergebnisse schützt und dadurch einen offenen, zunehmend internationalen Diskurs fördert, Zippelius/Würtenberger, Staatsrecht, Rn. 85.

192 BVerfGE 90, 1 (11 f.) – Jugendgefährdende Schriften; Kannengießer, in: Schmidt-Bleibtreu/Klein, Art. 5, Rn. 30.

193 Zippelius/Würtenberger, Staatsrecht, Rn. 85.

194 Zur Vertiefung dieses Aspektes s. u. II B 3 a bb (c).

Forschungsfreiheit vorzubeugen.[195] Das Bundesverfassungsgericht betont dabei, dass ein effektiver Schutz der Wissenschaftsfreiheit zu den Aufgaben eines jeden Staates gehört, der sich als Kulturstaat begreift.[196]

1.2.3. Verfassungsrechtliche Einschränkungen

In Artikel 5 Abs. 3 GG finden sich – mit Ausnahme für die Lehre – keine ausdrücklichen Grenzen für die Wissenschaftsfreiheit.[197] Ansonsten ist die Wissenschaftsfreiheit vorbehaltlos gewährt. Gründe dafür liegen sicher in *„der Schlüsselfunktion einer freien Wissenschaft sowohl für die Selbstverwirklichung des Einzelnen als auch für die gesamtgesellschaftliche Entwicklung…"*[198]. Wie gesehen, ist die Wissenschaft auf freie Entfaltung angewiesen, die sie möglichst frei von außen angetragen Nützlichkeits- und Zweckmäßigkeitserwägungen halten soll.[199] Für die Wissenschaftsfreiheit gelten jedoch die sogenannten grundrechtsimmanenten Schranken. Wie alle Grundrechte geht nämlich auch die Verbürgung der Wissenschaftsfreiheit vom Menschen als eigenverantwortlicher Persönlichkeit aus, der sich innerhalb der sozialen Gemeinschaft frei entfaltet.[200] Dies bedeutet, dass Grenzen für die Wissenschaftsfreiheit existieren, diese jedoch aus der Verfassung selbst herzuleiten sind.[201] In Betracht kommen Grundrechte Dritter sowie andere durch die Verfassung geschützte Güter. Zu den konfliktträchtigen Verfassungsgütern gehören die Menschenwürde, der Schutz von Leib und Leben, das allgemeine Persönlichkeitsrecht sowie Freiheit und Eigentum Dritter.[202]

Die Frage der ethischen Grenzen der Wissenschaft bedeutet für die vorbehaltlose Gewährung der Wissenschaftsfreiheit, angesichts der neuartigen Problemstellungen, eine besondere Herausforderung.[203] So wird auch in der

---

195 BVerfGE 35, 79 (114 ff.) – Hochschul-Urteil; s. auch Kannengießer, in: Schmidt-Bleibtreu/Klein, Art. 5, Rn. 30.

196 BVerfGE 35, 79 (114) – Hochschul-Urteil; dazu Pernice, in: Dreier, Art. 5 III, Rn. 22. Man spricht aufgrund der Bedeutsamkeit der praktisch-institutionellen Voraussetzungen für die Wahrnehmung der Freiheiten nicht nur von einem individualrechtlichen Abwehrrecht, sondern auch von einem Organisationsgrundrecht, Pernice, in: Dreier, Art. 5 III, Rn. 19. Wissenschaftsfreiheit ist *„eine abwehrende und teilhabende Freiheit"*, Kirchhof, Wissenschaft, S. 327 (329).

197 Die Freiheit der Lehre setzt die *„Treue zur Verfassung"* voraus, dies eine Reaktion auf die Weimarer Erfahrungen, die freiheitliche und demokratische Ordnung verächtlich zu machen, Zippelius/Würtenberger, Staatsrecht, § 26, III, Rn. 102.

198 BVerfGE 35, 79 (114) – Hochschul-Urteil; dazu Pernice, in: Dreier, Art. 5 III, Rn. 18.

199 Pernice, in: Dreier, Art. 5 III, Rn. 18.

200 So auch bei der Kunstfreiheit, vgl. Kannengießer, in: Schmidt-Bleibtreu/Klein, Art. 5, Rn. 28.

201 Vgl. Pernice, in: Dreier, Rn. 39.

202 Pernice, in: Dreier, Rn. 40.

203 Vgl. Pernice, in: Dreier, Rn. 18.

juristischen Kommentarliteratur über *„neue moralische und organisations-, verfahrens- und materiellrechtliche Bindungen für die Wissenschaft"*[204] nachgedacht.

1.3. Die Frage des Trägers als Beispiel für die Ausdifferenzierung der Menschenwürde

Insbesondere mit Blick auf die Gewährleistung der Wissenschafts- und Forschungsfreiheit und die Regulierung des wissenschaftlichen Fortschritts hat die Menschenwürde, die an der Spitze der Wertehierarchie des Grundgesetzes steht, Ausdifferenzierungen erfahren. Sie erscheint dabei teils als argumentativer Allesproblemlöser, teilweise als ein Verfassungswert wie jeder andere.[205] Im Zusammenhang mit dem wissenschaftlich-technischen Fortschritt geht es bei der Menschenwürdediskussion in mittlerweile geradezu klassischer Weise oftmals um die Frage, wer Träger von Menschenwürde ist. Anknüpfungspunkte für den Beginn der Trägerschaft der Menschenwürde sind dabei die Frage des Klonens zu Forschungszwecken und damit zusammenhängend die Stammzellforschung.

Konsens scheint, auch mit Blick auf die internationale Gesetzgebung, darin zu bestehen, dass Klonen zu Fortpflanzungszwecken verboten bleiben soll.[206] Anders sieht es hinsichtlich des Klonens zu biomedizinischen Forschungszwecken aus. Dieses ist in einigen Ländern, zum Beispiel Großbritannien, Israel und Singapur und einigen US-Bundesstaaten, unter bestimmten Voraussetzungen zugelassen.[207]

Deutlich werden die in besonderem Maße ethisch geprägten verfassungsrechtlichen Grundstrukturen der Menschenwürdediskussion, die zu unterschiedlichen Ergebnissen führen, in der Stellungnahme des nationalen Ethikrates (seit 2008 „Deutscher Ethikrat") über *„Klonen zu Fortpflanzungszwecken und Klonen zu biomedizinischen Forschungszwecken"* aus dem Jahre 2004.[208]

---

204 Pernice, in: Dreier, Rn. 18.
205 Vgl. Dreier, in: Dreier, Art. 1 I, Rn. 45 ff.; Oberreuter, Kanzelrede, S. 10 f.
206 Nat. Ethikrat, Stellungnahme Klonen, S. 34.
207 Nat. Ethikrat, Stellungnahme Klonen, S. 35 f.
208 Nat. Ethikrat, Stellungnahme Klonen; s. dazu auch Kellermann, Ethics Councils, S. 237 (241 ff.); Wolf, Ethische Kontroverse, S. 59 ff.

1.3.1. Einheitliche Ablehnung des reproduktiven Klonens

Der Grundkonsens über das Verbot des Klonens zu Fortpflanzungszwecken stützt sich auf mehrere Argumente. Dazu gehört zum Beispiel der Verstoß *„gegen das Selbstverständnis und die grundlegenden Werte einer Gesellschaft, die sich auf Achtung vor der Unverfügbarkeit jedes Menschen gründet"*, die Gefahr positiver Eugenik, die Auflösung bislang selbstverständlicher Verwandtschaftsbeziehungen, gesundheitliche Risiken und die notwendige Durchführung von inakzeptablen Menschenversuchen.[209] Als Verstoß gegen die Menschenwürde wird dabei ausdrücklich die bei dem Fortpflanzungsklonen zwangsläufige Instrumentalisierung aufgeführt, die als Menschenproduktion nach den Vorstellungen und Erwartungen von *„Produzenten"* erscheint.[210]

1.3.2. Differenzierte Ansichten hinsichtlich des Klonens zu biomedizinischen Forschungszwecken

Das Klonen zu biomedizinischen Forschungszwecken führt jedoch zu einer Menschenwürdedebatte, die zeigt, dass es offenkundig keine eindeutige Auffassung über den Gehalt und Reichweite des obersten Konstitutionsprinzips gibt. Die Diskussion reicht von der Trägereigenschaft von Menschenwürde für alle Formen des menschlichen Lebens bis zur Negierung des Würdeschutzes für frühgeburtliches Leben.[211] Das Recht auf Leben und körperliche Unversehrtheit ist in Artikel 2 Abs. 2 S. 1 GG gewährleistet.[212] Dabei besteht nicht nur eine Pflicht des Staates, Eingriffe zu unterlassen, sondern es besteht auch eine Schutzpflicht. Diese wird auch aus Artikel 1 Abs. 1 S. 2 GG entnommen und bedeutet, dass der Staat sich schützend und fördernd vor die Rechtsgüter Leben und körperliche Unversehrtheit stellt, also zum Beispiel bei rechtswidrigen Eingriffen Dritter.[213] Im Gegensatz zur Menschenwürde ist das Recht auf Leben und körperliche Unversehrtheit einschränkbar, nämlich aufgrund eines vom Parlament erlassenen Gesetzes,[214] so zum Beispiel bei Tötung in Notwehr. Es sind aufgrund der hohen Bedeutung, die dem Lebensschutz eingeräumt wird, bei der gebote-

---

209 Nat. Ethikrat, Stellungnahme Klonen, S. 39 ff.
210 Zur näheren Diskussion, Nat. Ethikrat, Stellungnahme Klonen, S. 39 ff.
211 Zur Spannweite der verfassungsrechtlichen Diskussion Herdegen, in: Maunz/Dürig, Art. 1 I, Rn. 60.
212 Artikel 2 Abs. 2 GG lautet: *„Jeder hat das Recht auf Leben und körperliche Unversehrtheit. Die Freiheit der Person ist unverletzlich. In diese Rechte darf nur auf Grund eines Gesetzes eingegriffen werden."*
213 Zippelius/Würtenberger, Staatsrecht, § 24.
214 Artikel 2 Abs. 2 S. 3 GG.

nen Verhältnismäßigkeitsprüfung strenge Maßstäbe anzulegen.[215] Für die Diskussion maßgeblich ist dabei das Verhältnis von Würde- und Lebensschutz.[216] Auch hier bietet die Diskussion im Ethikrat ein Beispiel für typische Argumentationen.

1.3.2.1. Früher Schutz

Die Befürworter eines frühen Schutzes des Embryos stützen sich auf ein Zitat des Bundesverfassungsgerichts aus seiner Entscheidung über den Schwangerschaftsabbruch. Dort hat das Gericht den Lebensschutz untrennbar mit dem Würdeschutz verknüpft: *„Wo menschliches Leben existiert, kommt ihm Menschenwürde zu; es ist nicht entscheidend, ob der Träger sich dieser Würde bewusst ist und sie selbst zu wahren weiß".*[217] Nach einer Auffassung im Ethikrat muss auch ein „Zellhaufen" als Grundrechtsträger anerkannt werden, mithin der fundamentale Menschenwürde- und Lebensschutz vom frühestmöglichen Zeitpunkt an angenommen werden.[218] Dieser wird in der Kernverschmelzung gesehen, beim Klonen entsprechend beim Kerntransfer.[219] Zu diesem Zeitpunkt seien für den Embryo alle wesentlichen Voraussetzungen für das Menschsein gegeben, nämlich Potenzialität, Identität und Kontinuität. Potenzialität läge vor, weil der Embryo das tatsächliche Vermögen besitzt, sich zu einem geborenen Menschen zu entwickeln. Das Konzept der Identität bedeutet dabei, dass es sich mit Blick auf den geborenen Menschen von Anbeginn an um ein und dasselbe Lebewesen handelt. Somit existiere ein umfassender Schutz der unabwägbaren Menschenwürde bereits in der Phase des Frühembryos, sei also bereits vor Einnistung gewährleistet. Hinzu tritt das Argument der Kontinuität, da von diesem Zeitpunkt an über alle Phasen des Menschseins hinweg bis zum Tod ein Prozess in Gang gekommen ist, *„der jeden anderen Einschnitt als willkürlich erscheinen lässt".*[220]

Nach dieser – hier nur kurz skizzierten – Auffassung[221] sind Konzepte einer Abstufung der Menschenwürde und des Lebensschutzes innerhalb des Entwicklungsstadiums von der Kernverschmelzung bis zur Geburt unangemessen. Hinzu tritt das Argument, dass neben dem individuellen

---

215 Zippelius/Würtenberger, Staatsrecht, § 24 I 2 Rn. 9.

216 S. dazu auch BVerfGE 115, 118 (151 ff.) – Luftsicherheitsgesetz; Schiedermair, in: Koll. Mursswiek, S. 171 (173 ff.).

217 BVerfGE 39,1 (41) – Schwangerschaftsabbruch I; dazu Isensee, Status Embryo, S. 33 (54).

218 S. als weiteres Beispiel für diesen Ansatz Isensee, Status Embryo, 33 (59).

219 Nat. Ethikrat, Stellungnahme Klonen, S. 54.

220 Nat. Ethikrat, Stellungnahme Klonen, S. 34.

221 Zur Vertiefung etwa Hofmann, in: Schmidt-Bleibtreu/Klein, Art. 1, Rn. 12.

Würdeschutz auch der Würdeschutz der Gattung Mensch zu beachten sei. Hier greife auch das Instrumentalisierungsverbot, welches einem Entzug des Selbstwerts des Menschen und dem Missbrauch als bloßes Mittel zur Erreichung fremder Zwecke entgegensteht.[222] Dies sei aber bei der Erzeugung von Klonembryos oder bei der verbrauchenden Forschung *an so genannten überzähligen Embryonen"* der Fall.[223] Die Forschungsfreiheit könne entsprechende Eingriffe nicht rechtfertigen, auch wenn erhofft wird, auf diesem Wege Therapien für bisher unheilbare Krankheiten zu finden.[224] Neben der Frage, ob dies durch diese Methoden überhaupt möglich sei, wird betont, dass diese Forschungsinteressen oder das Recht der Kranken auf Leben und körperliche Unversehrtheit nicht andere Verfassungswerte, insbesondere die hier vorliegenden Rechte Dritter, verletzen dürfen.[225]

1.3.2.2. Zulassung

Ein anderer Diskussionsstrang der Staatsrechtslehre, der sich auch in dem besagten Ethikratsgutachten niederschlägt,[226] sieht den pränatalen Würdeschutz differenzierter. Bei dem Streitthema „Klonen zu therapeutischen Zwecken" sieht diese Ansicht die Verwendung von durch Klonen hergestellten Embryos im Blastozystenstadium mit therapeutischer Zielsetzung als vertretbar an. Diese Ansicht geht im Grundsatz von einer Entkopplung der Menschenwürdegarantie und des Lebensschutzes aus.[227] Die eine solche Kopplung voraussetzenden Urteile des Bundesverfassungsgerichts[228] seien in Ermangelung einer normativ wertenden Begründung ein *„biologistisch-naturalistischer Fehlschluss"*[229]. Leben, etwa ein Embryo vor der Nidation,[230] sei nicht zwangsläufig Menschenwürdeträger.[231] Die Rechtsprechung des Bundesverfassungsgerichts zur Abtreibung sei inkonsistent, da aufgrund der Unbedingtheit und Absolutheit der Menschenwürde Abtreibungsregelungen zur weitgehenden Verfassungswidrigkeit hätten führen müssen. Dem Zellverband der Blastozyste würde es an Ich-Bewusstsein, an Autonomie

---

222 Nat. Ethikrat, Stellungnahme Klonen, S. 56..
223 Nat. Ethikrat, Stellungnahme Klonen, S. 57.
224 Nat. Ethikrat, Stellungnahme Klonen, S. 59.
225 Nat. Ethikrat, Stellungnahme Klonen, S. 60.
226 Nat. Ethikrat, Stellungnahme Klonen, S. 63 ff.
227 Dreier, in: Dreier, Vorb. vor Art. 1 GG, Rn. 67.
228 S. BVerfGE 39, 1 (41) – Schwangerschaftsabbruch I; BVerfGE 88, 203 (252) – Schwangerschaftsabbruch II: *„Diese Würde des Menschseins liegt auch für das ungeborene Leben im Dasein um seiner selbst willen"*; dazu Dreier, in: Dreier, Art. 1 I, Rn. 66.
229 Dreier, in: Dreier, Art. 1 I, Rn. 66.
230 Zu beachten ist, dass sich die einschlägigen Urteile des Bundesverfassungsgerichts auf die Phase nach der Nidation beziehen, s. Dreier, in: Dreier, Art. 1 I, Rn. 81, Anm. 257.
231 Dreier, in: Dreier, Art. 1 I, Rn. 66.

und an Schmerzempfindungsfähigkeit fehlen. Es läge zwar artspezifisches, jedoch noch kein individuiertes menschliches Leben vor, human life im genannten Frühstadium sei zu bejahen, die Rede von einem human being jedoch nicht.[232] Ebenso wenig trügen die Argumente der Potenzialität, Kontinuität und Identität: das der Kontinuität deshalb nicht, da verkannt werde, dass auch ohne klare Zäsuren neue qualitative Strukturen auftreten können.[233] Das Potenzialitätsargument beruhe auf der der Rechtsordnung fremden Vorstellung, dass eine erst später anzunehmende Rechtsposition vollumfänglich einer früheren Entwicklungsstufe zugeschrieben werden solle.[234] Auch ließe sich mit Blick auf das Identitätsargument nicht ohne weiteres ein Übergang vom geborenen Menschen zu dem Embryo in vitro oder in vivo konstruieren. Die zeitliche Grenze der Bildung des sogenannten Primitivstreifens müsse berücksichtigt werden. Diese liegt etwa vierzehn nach der Befruchtung. Bis dahin sei noch Mehrlingsbildung möglich, so dass erst danach davon gesprochen werden könne: „Das war ich und daraus konnte nur ich werden".[235] Zu dem davor liegenden Zeitraum, der für das Forschungsklonen bedeutsam ist, könne keine Identitätsbrücke geschlagen werden. Dieser Zeitpunkt könne frühestens dann angenommen werden, wenn keine Mehrlingsbildung mehr möglich, das Leben mithin individuiert sei.[236]

Selbst bei der Annahme eines Menschenwürdeträgers in der pränidativen Phase sei nicht grundsätzlich von einer Verletzungshandlung auszugehen. Das aus der Objektformel abgeleitete Instrumentalisierungsverbot habe die der Objektformel charakteristischen Unschärfeprobleme. Instrumentalisierungsverbote würden letztlich nur für konsentierte Fälle mit einer hohen Evidenz der Menschenwürdeverletzung gelten. Im Bereich der Bioethik fehle es jedoch an einem Grundkonsens, was auch durch die differierenden Gesetzgebungen in diesem Bereich deutlich werde.[237] Man dürfe auch die Finalität des Handelns berücksichtigen, welches schließlich auf die Bekämpfung schwerer Krankheiten gerichtet sei und der Schutzpflicht des Staates für das menschliche Leben und die Gesundheit aus Artikel 2 Abs. 2 S. 1 GG entspräche. Diese Position sieht hier also noch keinen Träger der Menschenwürde und betont stattdessen die Forschungsfreiheit. So könne

---

232 Dreier, in: Dreier, Art. 1 I, Rn. 83.

233 In Anknüpfung an das *Sorites-Paradoxon*: wenige Sandkörner bilden noch keinen Sandhaufen, ab einem bestimmten Zeitpunkt jedoch schon, Dreier, in: Dreier, Art. 1 I, Rn. 85, Anm. 274.

234 Dreier, in: Dreier, Art. 1 I, Rn. 85.

235 *Nat. Ethikrat*, Stellungnahme Klonen, S. 70.

236 Dreier, in: Dreier, Art. 1 I, Rn. 83.

237 Dreier, in: Dreier, Art. 1 I, Rn. 89.

es beim therapeutischen Klonen, was derzeit nicht realisierbar ist, um die Gewinnung von Gewebestrukturen gehen, die zum Zwecke der Heilung von degenerativen Krankheiten hergestellt werden sollen.[238]

1.3.2.3. Abstufung Würdeschutz

Ein weiteres, die Trägereigenschaft von Menschenwürde differenziert betrachtendes Menschenwürdekonzept ist die Stufung des Achtungsanspruchs der Menschenwürde.[239] Menschenwürde erweise sich als „Relationsbegriff" mit der Notwendigkeit einer „situationsgebundenen Konkretisierung".[240] Wenn man beispielsweise den Würdeanspruch des geborenen Menschen dem der befruchteten Eizelle gleichstellte, würde dies weder dem allgemeinen Rechtsbewusstsein noch der Praxis von Gesetzgebung und Rechsprechung entsprechen.[241] Bei der Frage der Trägerschaft der Menschenwürde ließe sich nach dieser Auffassung der Würdeschutz bei der Verschmelzung von Ei und Samenzelle, also vor Einnistung, annehmen. Der Abstufungsgedanke kommt in seinen Konsequenzen jedoch zum Tragen, wenn eine „unterschiedliche Qualität des Würdeanspruchs von Zygote, Blastozyste oder anderen Frühformen menschlichen Lebens" und dem geborenen Menschen angenommen wird.[242] Diese entspräche auch der europäischen Geistesgeschichte der letzten Jahrhunderte, zumal das Recht beim Unwerturteil über persönliche Verletzungen auch nach dem Entwicklungsstand des Opfers differenziere.[243] Anders ließe sich auch die Rechtsprechung des Bundesverfassungsgerichts nicht konsistent darstellen, wenn diese die Abtreibung weitgehend straffrei stelle.[244] Der Diskurs über die Würdeschranken der Biotechnologie indiziere letztlich entwicklungsabhängige Stufen des Würdeschutzes.[245]

1.4. Fazit

Wie sich zeigt, besteht bei einer entscheidenden Frage aus verfassungsrechtlicher Sicht kein Konsens über die angemessene Konkretisierung des obersten Konstitutionsprinzips Menschenwürde; nimmt man die ethische und auch theologische Diskussion hinzu, so ergibt sich ein weiter ausdifferenziertes Bild. Dieses wird noch vielfältiger, blickt man rechtsvergleichend auf

---

238 *Nat. Ethikrat*, Stellungnahme Klonen, S. 13; Dreier, in: Dreier, Art. 1 I, Rn. 112 ff.
239 Dazu Herdegen, in: Maunz/Dürig, Art. 1 I, Rn. 54.
240 Herdegen, in: Maunz/Dürig, Art. 1 I, Rn. 54.
241 Herdegen, in: Maunz/Dürig, Art. 1 I, Rn. 54.
242 Herdegen, in: Maunz/Dürig, Art. 1 I, Rn. 69.
243 Herdegen, in: Maunz/Dürig, Art. 1 I, Rn. 70.
244 Herdegen, in: Maunz/Dürig, Art. 1 I, Rn. 70.
245 Herdegen, in: Maunz/Dürig, Art. 1 I, Rn. 70.

einschlägige internationale Gesetzgebungen.[246] Die Würdediskussion zeigt einen reichen Fundus an argumentativen Leistungen, den die Verfassungsrechtswissenschaft bei diesem unbestimmten Rechtsbegriff hervorbringt. Dabei werden die Spielräume des interpretatorischen Zugriffs, wie bei anderen Rechtsbegriffen, deutlich gemacht, was für die Erlangung eines zeitgemäßen Verständnisses unabdingbar ist.

Die Menschenwürde ist jedoch ein Beispiel für einen normativen Fixpunkt, der an tiefverwurzelte moralische Überzeugungen anknüpft. Diese Überzeugungen können durchaus ebenfalls auf verschiedene Ausgänge hinauslaufen, zum Beispiel ab wann von einer Trägereigenschaft der Menschenwürde auszugehen ist und worin der unantastbare Kern der Menschenwürde im – komplizierten – Einzelfall besteht. Die Ausstrahlungswirkung einer verbindlichen Verfassungsinterpretation der Menschenwürde hat jedoch – wegen der Betroffenheit tiefverwurzelter moralischer Anschauungen – weitreichende Folgen für das staatliche Selbstbild. Die Menschenwürde leitet staatliches Handeln und sorgt für die Legitimität von Staat und Recht.[247] Gerade als *„Grundfeste und metapositive Verankerung der grundgesetzlichen Ordnung"*[248] muss sich die Menschenwürde als Grenze der ebenfalls würdebetroffenen Wissenschaftsfreiheit gegebenenfalls gegen gesellschaftliche, medizinische und kommerzielle Interessen wenden, seien sie auch noch so begründet. Mit Blick auf die wissenschaftliche Entwicklung ist die Würdediskussion zum Beispiel auch in Zusammenhang mit der „Verbesserung" des Menschen durch Neuro- und Nanotechnologien eröffnet.[249] Die Antworten, die der Menschenwürdegrundsatz darauf liefert, sind nicht ohne

---

246 So ist zum Beispiel in Großbritannien die Forschung an Embryonen in den ersten 14 Tagen der Entwicklung unter bestimmten Voraussetzungen zulässig. Ähnliche Möglichkeiten bestehen auch in Belgien, Israel, Singapur und einigen Staaten der USA. Verboten ist das Klonen für biomedizinische Zwecke dagegen in Italien, Norwegen. Österreich, Spanien, Australien und der Schweiz, *Nat. Ethikrat*, Stellungnahme Klonen, S. 35 ff. In Deutschland ist gemäß Embryonenschutzgesetz von einem vollständigen Klonverbot auszugehen, dies lässt sich dem Willen des Gesetzgebers entnehmen. Aufgrund neuer technischer Möglichkeiten seien jedoch klarstellende Aktualisierungen notwendig, *Nat. Ethikrat*, Stellungnahme Klonen, S. 31.
247 Vgl. Böckenförde, FAZ.net, S. 2.
248 Böckenförde, FAZ.net, S. 6.
249 Zur Analyse typischer Argumentationen in der „Enhancement"-Diskussion Talbot, Vortrag Medizinethik; zu den Nanotechnologien Grunwald, Vortrag Nanotechnologie. Auch das klassische Thema Folter erscheint im Rahmen der rechtsdogmatischen Diskussion über Würdekollisionen differenziert, vgl. Dreier, in: Dreier, Art. 1 I, Rn. 133. S. hinsichtlich die Betonung des Menschenwürdegrundsatzes angesichts zunehmender Technisierung Benda, HVerfR I, Rn. 44 ff. und die Kritik dieses Ansatzes aufgrund der Gefahr, die Menschenwürde aufzuweichen, Dreier, in: Dreier, Art. 1 I, Rn. 49.

Weiteres zu erhalten. Bei entsprechendem Handlungsbedarf[250] kann die Politik die ethischen Kontroversen jedoch nicht endlos abwarten. Im Zweifel ist beim Wissenschaftsprozess *„reflexive Entschleunigung"*[251] geboten, damit die normativen Ressourcen im Voraus ausgeschöpft werden können.

2. Freiheit und Sicherheit

Ein weiteres grundlegendes Problemfeld für die Verfassungsinterpretation, die Integrationskraft der Verfassung zu entfalten, hat als zentrale Bezugspunkte Freiheit und Sicherheit. Bedrohungen des Gemeinwesens durch Terrorismus und organisierte Kriminalität, deren Ausmaß freilich umstritten ist, fordern den Verfassungsstaat heraus. Das Verhältnis und die Ausbalancierung von Freiheit und Sicherheit ist Gegenstand einiger Gesetze und Gerichtsentscheidungen gewesen. Als Staatsaufgabe umfasst die innere Sicherheit den Schutz und die Unversehrtheit des vorhandenen Bestands von Rechten und Gütern und der Funktionsfähigkeit der staatlichen Organe und Einrichtungen.[252] Anlass für staatliche Gesetzgebungstätigkeit auf diesem Gebiet gab insbesondere die Ausweitung der organisierten Kriminalität und des internationalen Terrorismus im Zuge der Anschläge vom 11. September 2001. Neue Sicherheitskonzeptionen wurden auch mit dem technologischen und damit einhergehenden gesellschaftlichen Wandel begründet. Durch die Informationstechnologien, Freizügigkeit und globale Verflechtungen sowie den Rückgang sozialer Kontrolle seien neue Freiheitsräume für die Bürger entstanden. Diese Freiheit sei aber auch in spezifischer Weise bedroht. Organisierte Kriminalität und Terrorismus könnten durch die technischen Möglichkeiten und die gewährte Freizügigkeit ebenfalls ihren Aktionsradius ausdehnen.[253]

Das Thema der Sicherheit betrifft nicht nur die Unversehrtheit des Einzelnen vor dem Hintergrund aktueller Bedrohungen. Es ist zugleich ein wesentlicher Aspekt der historischen staatlichen Entwicklung. Die Sicherungszwecke des Staates waren zunächst auf das elementare Sicherheitsbe-

---

250 Etwa im Falle der Präimplantationsdiagnostik (PID). Nach dem BGH-Urteil vom 6. Juli 2010 (BGHSt, Aktenzeichen 5/StR 386/09) kann dem Embryonenschutzgesetz aus dem Jahre 1990 aufgrund der durch den wissenschaftlichen Fortschritt gewandelten Formen der PID kein PID-Verbot mehr entnommen werden. Daher basiert nunmehr auch der politische Umgang mit der PID-Problematik auf neuen Voraussetzungen, Leopoldina et. al., PID-Stellungnahme, S. 7 ff.
251 Schily, Vortrag Leben.
252 Götz, HStR IV, § 85, Rn. 1.
253 Schäuble, Freiheit und Sicherheit, S. 3 ff.

dürfnis des Menschen gegenüber der Gewalt der Mitmenschen und Einwirkungen von außen fokussiert.[254] Thomas Hobbes formte Sicherheit zur Legitimitätsgrundlage für den absoluten Staat des 17. Jahrhunderts.[255] Die Theoretiker des Rechtsstaats entwickelten die Sicherungszwecke weiter und hoben die freiheitssichernde Funktion von Recht und Gesetz hervor.[256] Der moderne Verfassungsstaat bietet dem Einzelnen nunmehr auch Schutz vor staatlichen Eingriffen und sichert als rechtsgebundener und machtbegrenzter Staat den inneren und äußeren Frieden.[257] Diese Konstellation vor einem neuen Hintergrund zu aktualisieren, stand im Vordergrund einiger politischer und juristischer Entwicklungen.

2.1. Charakter staatlicher Maßnahmen

Aufgrund der angesprochenen Veränderungen im Bedrohungsszenario, die in enger Verbindung mit den Kommunikationsmöglichkeiten, den Koordinations- und Informationspotenzialen durch die entsprechende Technologien sowie der weltweiten Mobilität zu sehen sind, sah sich der Staat zu verschiedenen Eingriffen veranlasst, welche im weiteren Verlauf vor dem Bundesverfassungsgericht verhandelt wurden. Die Reaktionen der Gesetzgebung auf Bedrohung durch Kriminalität und Terrorismus beinhalteten insbesondere den Zugriff auf das, was man als das Private bezeichnet: durch Erfassung von personenbezogenen Daten, Eingriffe in die Wohnung sowie Ausspähen von persönlichen Daten auf dem Computer.[258]

Die Erhebung von Daten durch den Staat gehört zu seinen Funktionsvoraussetzungen und ist Kennzeichen der modernen Bürokratie. Dabei geht es nicht nur um Sicherheit und Ordnung, sondern um nahezu alle gesellschaftlichen Bereiche, denkt man etwa an das Sozialversicherungswesen, die Kultusverwaltung und das Gesundheitswesen.[259] Diesem unübersehbaren Bestand an aufgezeichneten Daten tritt zunehmend die Datenerhebung durch Private, etwa Firmen, zur Seite. Dieser Vorgang ist grundsätzlich sensibel. Die Preisgabe und die Verfügbarkeit von personenbezogenen Daten

---

254 Papier, in: Glanzlichter, S. 107 (108).
255 Hobbes, Leviathan; Papier, in: Glanzlichter, S. 107 (108). Zur Analyse des Hobbes' philosophisches Denken prägenden Machtbegriffs Schölderle, Prinzip der Macht, S. 38 ff.
256 Papier, in: Glanzlichter, S. 107 (108); Schäuble, Freiheit und Sicherheit, S. 2.
257 Papier, in: Glanzlichter, S. 107 (108) unter Hinweis auf John Locke.
258 Zum grundgesetzlichen Schutz der dort nicht ausdrücklich erwähnten Privatheit Hermes, in: Wahl, S. 329 ff.
259 Schaar, Privatsphäre, S. 96.

für Dritte betrifft die Privatsphäre, der eine Grundfunktion im gesellschaftlichen und politischen Miteinander zukommt.

Die individuelle Selbstbestimmung, die in dem Satz *„Privat ist, was andere nichts angeht"*[260] ihren Ausdruck findet, liegt dem Verständnis freiheitlicher Staatsordnungen zugrunde.[261] *Horn spricht vom „ethischen Minimum politisch-sozialer Ordnung, den im Menschen aus allgemeiner Würde, Individualität und Personalität realisierten Persönlichkeitswert zu achten und zu schützen".*[262] Es ist auch Grundvoraussetzung freiheitlicher Demokratien, private Schutzräume, die sich der Kontrolle von außen entziehen, zur Verfügung zu stellen, damit sich Meinungen und weitere Formen der Teilhabe entwickeln können.[263]

Aufgrund der technischen Entwicklungen stehen mittlerweile viele Möglichkeiten parat, in die Privatsphäre einzugreifen: Die Technik erlaubt neue Wege der Erfassung, Speicherung, Verteilung und Verknüpfbarkeit von Daten und Eindringen in die Privatsphäre Dritter. Digitalisierte Informationen können in sekundenschnelle durch Breitbandverbindungen, Satellitensysteme, Mobilfunk- und Computernetze zugänglich gemacht, *„digitale Spuren"* hinterlassen werden. Infrarotkameras, Richtmikrophone und Abhörvorrichtungen können den Wohnraum erfassen.[264] Weitere Beispiele solcher privatsphärensensiblen Technologien sind das Internet, die Mobiltelefonie, die ständige und allgegenwärtige Datenverarbeitung im Wege des „ubiquitous computing"[265], Übertragung per Funk durch *RFID*-Tags (Radio Frequency Identification), *GPS*-Systeme, Videoüberwachungssysteme, teilweise mit extremen Zoommöglichkeiten oder auf Minihubschraubern installiert, Mautsysteme, die zeit- und streckenabhängige Abrechungen tätigen, automatisierte Fotofahndung, Daten auf Gesundheitskarten, biometrische Identifikationssysteme bis hin zu den Erbinformationen, welche die Genetik aufdecken kann.[266] Solche Technologien können Verwaltungsabläufe optimieren, Heilbehandlungen vereinfachen und beschleunigen, gewünschte Lokalisierungen vornehmen, Kriminalität bekämpfen und eine reibungslose Kommunikation ermöglichen. Sie können aber auch unerwünscht in private Schutzräume eindringen.

---

260 So Horn, in: HStR VII, § 149, Rn. 1.
261 S. Horn, in: HStR VII, § 149, Rn. 9 ff.
262 So Horn, in: HStR VII, § 149, Rn. 9.
263 Schaar, Privatsphäre, S. 15.
264 Hermes, in: Wahl, S. 329 (332).
265 Schaar, Privatsphäre, S. 49.
266 Diese Technologie-Beispiele bei Schaar, Privatsphäre, S. 32 ff.

2.2. Rechtsprechungsbeispiele

Die verfassungsrechtlichen Leitlinie für die Reaktionen der Politik auf die neuen Herausforderungen der inneren Sicherheit beschreibt das Bundesverfassungsgericht wie folgt: *„Die Balance zwischen Freiheit und Sicherheit darf vom Gesetzgeber neu justiert, die Gewichte dürfen jedoch von ihm nicht grundlegend verschoben werden".*[267] Als Maßstab und Grenze der Neujustierungen von Freiheit und Sicherheit zeigen sich insbesondere drei verfassungsrechtliche Anknüpfungen: Das aus dem Menschenwürdegrundsatz aus Artikel 1 Abs. 1 GG und dem Freiheitsrecht aus Artikel 2 Abs. 1 GG abgeleitete Allgemeine Persönlichkeitsrecht und seine verschiedenen Spielarten, die Emanationen des Menschenwürdegrundsatzes in bestimmten anderen Grundrechten und die direkte Anwendung des Menschenwürdesatzes in Verbindung mit dem Lebensschutz.

2.2.1. Das allgemeine Persönlichkeitsrecht

Das allgemeine Persönlichkeitsrecht (APR) ist nicht im Grundgesetz ausdrücklich aufgeführt. Vielmehr wurde es vom Bundesverfassungsgericht in Übereinstimmung mit dem Bundesgerichtshof aus Artikel 2 Abs. 1 und Artikel 1 Abs. 1 GG kreiert. Durch dieses Grundrecht werden die Bereiche der Persönlichkeitsentfaltung geschützt, die nicht von den besonderen Freiheitsrechten des Grundgesetzes erfasst sind, aber dennoch zentrale Bedeutung für den Persönlichkeitsschutz besitzen. Diese Rechtsprechung basiert darauf, dass Artikel 1 Abs. 1 GG nicht nur ein Grundrecht, sondern zugleich eine richtungsweisende Wertentscheidung enthält. Dem gemäß ist die Achtung der Menschenwürde soweit wie möglich zu verwirklichen. In zusätzlicher Verbindung mit dem Allgemeinen Freiheitsrecht aus Artikel 2 Abs. 1 GG schützt das APR die Autonomie des Einzelnen, seine Rolle im Zusammenleben mit anderen selbst zu bestimmen und hierbei respektiert zu werden. Als Grundrecht schützt die Menschenwürde einen unantastbaren Kernbestand, während das APR einschränkbar ist – bei der Wahrung vorrangiger Interessen und Nichtverletzung des unantastbaren Kernbestands der Menschenwürde.[268]

Durch das APR ist der Grundrechtsschutz ausgeweitet worden. Außerdem bietet es einen dogmatischen Anknüpfungspunkt, um auf neue Entwicklungen einzugehen. Für die Rechtsprechungspraxis hat es eine große Bedeutung gewonnen. Zu den Schutzgütern des APR, die sich anlässlich

---

267 BVerfGE, 115, 320 (360) – Rasterfahndung II.
268 Zippelius/Würtenberger, Staatsrecht, § 21 III Rn. 26 ff.

der Behandlung von Einzelfällen in der höchstrichterlichen Rechtsprechung niedergeschlagen haben, gehören das Recht auf individuelle Selbstbestimmung und damit, neben der Privat- und Intimsphäre, die persönliche Ehre, das Recht am eigenen Bild und am gesprochenen Wort, das Recht auf Selbstdarstellung, in Verbindung mit dem Sozialstaatsprinzip auch das Recht auf Resozialisierung.[269]

Im Bereich Freiheit und Sicherheit hat das Allgemeine Persönlichkeitsrecht Konkretisierungen erfahren, die für die Balancierung der Freiheitsinteressen des Individuums mit den Interessen an Sicherheit weitreichende Bedeutung haben.

2.2.1.1. Das Volkszählungsurteil

„*Wie ein Paukenschlag*"[270] wirkte das Urteil des Bundesverfassungsgericht über das Volkszählungsgesetz[271] aus dem Jahr 1983. Viele Rechtsetzungen im Bereich des Datenschutzes waren Folge dieses Urteils. Darin baute das Gericht den Grundrechtsschutz aus, indem es das „Recht auf informationelle Selbstbestimmung" als Erscheinungsform des allgemeinen Persönlichkeitsrechts anerkannte.[272]

In dem Urteil betont das Gericht gleich zu Beginn der Entscheidungsgründe: „*Im Mittelpunkt der grundgesetzlichen Ordnung stehen Wert und Würde der Person, die in freier Selbstbestimmung als Glied einer freien Gesellschaft wirkt*".[273] Das allgemeine Persönlichkeitsrecht kann, so stellt es das Urteil klar, „*gerade auch im Blick auf moderne Entwicklungen und die mit ihnen verbundenen neuen Gefährdungen der menschlichen Persönlichkeit Bedeutung gewinnen*". Hinsichtlich der „*heutigen und künftigen Bedingungen der automatischen Datenverarbeitung*"[274] bedarf es besonderer Vorkehrungen, die individuelle Selbstbestimmung zu gewährleisten. Wenn Angaben von und über Personen unbegrenzt speicherbar und in Sekundenschnelle abrufbar sind, sei es für den Einzelnen nicht möglich, mit hinreichender Sicherheit zu überschauen, welche Informationen über ihn wem bekannt sind. Dies könne dazu führen, so das Gericht, dass die „*Entscheidungsfreiheit über vorzunehmende oder zu unterlassende Handlungen...*" nicht gewährleistet ist.[275]

Ein Beispiel, welches die Demokratiedimension des Datenschutzes aufzeigt, ist für das Gericht die Teilnahme an einer Versammlung oder Bür-

---

269 S. Antoni, in: Hömig, Art. 1, Rn. 11; Zippelius/Würtenberger, Staatsrecht, § 21 III 1 ff.

270 So Schaar, Privatsphäre, S. 102.

271 „Gesetz über eine Volkszählung, Berufszählung, Wohnungszählung und Arbeitsstättenzählung", BVerfGE 65, 1 – Volkszählung.

272 S. Leitsätze 1 und 2 BVerfGE 65, 1 – Volkszählung.

273 BVerfGE 65, 1 (41) – Volkszählung.

274 BVerfGE 65, 1 (42) – Volkszählung.

275 BVerfGE 65, 1 (42) – Volkszählung.

gerinitiative. Wenn der Bürger damit rechnen muss, dass diese behördlich erfasst wird und ihm dadurch Risiken entstehen könnten, *„wird er möglicherweise auf eine Ausübung seiner entsprechenden Grundrechte (Art. 8, 9 GG) verzichten".*[276] Die Konsequenz aus diesen Erwägungen ist, dass der Einzelne grundsätzlich selbst über die Preisgabe und Verwendung seiner persönlichen Daten bestimmt.[277] Dabei werden nicht nur bestimmte Daten geschützt, die womöglich besonders sensibel erscheinen, sondern alle. Es lasse sich nämlich nicht voraussehen, ob nicht Kontexte entstehen könnten, in denen vermeintlich unproblematische Daten plötzlich sensibel werden.[278]

Aufgrund der Gemeinschaftsgebundenheit der Person muss der Einzelne aber auch Einschränkungen seines Rechts in Kauf nehmen, wenn diese im überwiegenden Allgemeininteresse liegen.[279] Das Verfassungsgericht unterstreicht, dass das Recht auf informationelle Selbstbestimmung nicht schrankenlos gewährleistet ist.[280] Informationen über Personen seien *„ein Abbild sozialer Realität".* Dieses könne nicht ausschließlich dem Betroffenen allein zugeordnet werden.[281] Der Gesetzgeber habe aber aufgrund der Gefährdungen der modernen Datenverarbeitung *„mehr als früher auch organisatorische und verfahrensrechtliche Vorkehrungen zu treffen, welche der Gefahr einer Verletzung des Persönlichkeitsrechts entgegenwirken".*[282]

2.2.1.2. Rasterfahndung

Das im Volkszählungsurteil zur Geltung gebrachte Recht auf informationelle Selbstbestimmung war im Jahr 2006 auch Maßstab für den Beschluss des Bundesverfassungsgerichts zur präventiven Rasterfahndung durch die Polizei. Bei der Fahndungsmethode der Rasterfahndung[283] lässt sich die Polizeibehörde von anderen öffentlichen oder privaten Stellen personenbezogene Daten übermitteln, um mittels EDV einen Abgleich (Rasterung) mit

---

276 BVerfGE 65, 1 (43) – Volkszählung.
277 BVerfGE 65, 1 (43) – Volkszählung.
278 BVerfGE 65, 1 (45) – Volkszählung.
279 S. die Rechtsprechungsnachweise in BVerfGE 65, 1 (44) – Volkszählung.
280 S. BVerfGE 65, 1 (43 f.) – Volkszählung.
281 BVerfGE 65, 1 (44) – Volkszählung.
282 BVerfGE 65, 1 (44) – Volkszählung. Das Urteil wird nicht nur als *„Paukenschlag"*, sondern auch als *„Pyrrhussieg"* des Datenschutzes bezeichnet (Spiros Simitis, zit. nach Schaar, Privatsphäre, S. 104). Grund dafür ist die auf Grundlage des Urteils in Gang gekommene *„Verrechtlichung des Datenschutzes"*. Die Diskussion über die juristischen Möglichkeiten der Datenerhebung würden von der Diskussion ablenken, ob Sinn und Zweck der Datenerhebung überhaupt gegeben sind, um die damit verbundenen Ziele zu erreichen, s. Schaar, Privatsphäre, S. 104.
283 Es ging um § 31 des Polizeigesetzes des Landes Nordrhein-Westfalen in der Fassung der Bekanntmachung vom 24. Februar 1990.

anderen Daten vorzunehmen.[284] Resultat soll eine Schnittmenge von Personen sein, die bestimmte, im Voraus festgelegte Merkmale erfüllen, welche für die weiteren Ermittlungen als bedeutsam angesehen werden.[285] Dieses Verfahren zur Vermeidung von Straftaten wurde vom Bundesverfassungsgericht nicht kategorisch ausgeschlossen. Die im Rahmen der Rasterfahndung erhobenen Informationen würden im Regelfall mit Blick auf Artikel 10 GG (Brief- Post- und Fernmeldegeheimnis) und Artikel 13 GG (Unverletzlichkeit der Wohnung) geringere Persönlichkeitsrelevanz haben. Jedoch käme angesichts der inhaltlichen Weite der in dem Gesetz verankerten Befugnis sowie der Verknüpfungsmöglichkeiten der Daten den Maßnahmen im Hinblick auf das Recht auf informationelle Selbstbestimmung ein erhebliches Gewicht zu. Bereits die Daten, die von den öffentlichen und privaten Stellen übermittelt werden, könnten aufgrund der zugrunde liegenden, Art und Inhalt der Daten nicht eingrenzenden Vorschrift das Interesse des Betroffenen an Privat- und Vertraulichkeit betreffen. Ein Beispiel dafür sei die Glaubensüberzeugung.[286] Aufgrund der hohen Intensität[287] des Grundrechtseingriffes dürfe der Gesetzgeber solche Maßnahmen erst von bestimmten Verdachts- oder Gefahrenstufen an vorsehen.[288] So sei es nicht möglich, eine Rasterfahndung schon im Vorfeld einer konkreten Gefahr durchzuführen, da sie zu *„vollständig verdachtslos und mit hoher Streubreite erfolgenden Grundrechtseingriffen"*[289] führen könne. Die konkrete Gefahr müsse *„für hochrangige Rechtsgüter wie den Bestand oder die Sicherheit des Bundes oder eines Landes oder für Leib, Leben oder Freiheit einer Person"*[290] bestehen.

2.2.1.3. Das Grundrecht auf Gewährleistung der Vertraulichkeit und Integrität informationstechnischer Systeme

Das allgemeine Persönlichkeitsrecht hat im Zuge der rechtlichen Auseinandersetzungen über die neuen Sicherheitsgesetze eine weitere Konkretisierung erfahren. Im Jahr 2008 befasste sich das Bundesverfassungsgericht mit der Online-Durchsuchung, so wie sie im nordrheinwestfälischen Verfassungsschutzgesetz[291] geregelt war. Die Online-Durchsuchung bedeutet

---

284 BVerfGE 115, 320 (321) – Rasterfahndung II.
285 BVerfGE 115, 320 (321) – Rasterfahndung II.
286 BVerfGE 115, 320 (349) – Rasterfahndung II.
287 Insbesondere gegen die Intensitätsfrage richtet sich die abweichende Meinung der Richterin Haas, BVerfGE 115, 320 (371 ff.) – Rasterfahndung II.
288 BVerfGE 115, 320 (361) – Rasterfahndung II.
289 BVerfGE 115, 320 (362) – Rasterfahndung II.
290 S. den ersten Leitsatz BVerfGE 115, 320 – Rasterfahndung II.
291 Es ging überwiegend um Vorschriften, die mit dem Gesetz zur Änderung des Gesetzes über den Verfassungsschutz in Nordrhein-Westfalen vom 20. Dezember 2006 eingefügt wurden, BVerfGE 274 (276) – Grundrecht auf Computerschutz.

die heimliche Infiltration eines informationstechnischen Systems, mit der die Nutzung des Systems überwacht und seine Speichermedien ausgelesen werden können und das Zielsystem sogar ferngesteuert werden kann.[292] Ziel solcher Online-Durchsuchungen ist es in erster Linie, den besonderen Schwierigkeiten zu begegnen, die daraus resultieren, dass Straftäter aus extremistischen und terroristischen Kreisen das Internet zur Planung und Durchführung von Straftaten nutzen. Mittels Verschlüsselungsmethoden kann die Sichtung der Kommunikation etwa nach einer klassischen Beschlagnahme eines informationstechnischen Systems unmöglich gemacht werden.

Die Richter bemängelten insbesondere die Missachtung des Gebots der Verhältnismäßigkeit. Das grundrechtliche Schutzbedürfnis sei bei der Online-Durchsuchung als hoch anzusehen. Die Persönlichkeitsentfaltung sei mittlerweile für viele Bürger zentral mit der Nutzung informationstechnischer Systeme verknüpft. Die dort befindlichen Angaben über die Person könnten weitreichende Rückschlüsse auf die Persönlichkeit des Nutzers zulassen.[293] Es entstehe also ein grundrechtliches Schutzbedürfnis. Dieses sei jedoch durch bereits bestehende Schutzbestimmungen mit Grundrechtsrang, hier das Recht auf informationelle Selbstbestimmung und die Grundrechte aus Artikel 10 GG (Freiheit der Telekommunikation) und Artikel 13 GG (Unverletzlichkeit der Wohnung), nicht erfasst.[294] Auch die vom Bundesverfassungsgericht entwickelten Ausprägungen des allgemeinen Persönlichkeitsrechts, insbesondere der Schutz der Privatsphäre und das Recht auf

---

292 BVerfGE 120, 274 (276) – Grundrecht auf Computerschutz.
293 BVerfGE 120, 274 (323) – Grundrecht auf Computerschutz.
294 Zwar erfasse der Schutzbereich der Freiheit der Telekommunikation auch die Kommunikationsmöglichkeiten des Internets (Beispiel E-Mail), jedoch greife der Schutz durch Artikel 10 GG nicht, wenn es um die nach Abschluss eines Kommunikationsvorgangs im Herrschaftsbereich eines Kommunikationsteilnehmers gespeicherten Inhalte geht und der Teilnehmer eigene Schutzvorkehrungen gegen den heimlichen Datenzugriff treffen kann. Denn dann bestünden die Gefahren der räumlich distanzierten Kommunikation, die durch das Telekommunikationsgeheimnis abgewehrt werden sollen, nicht fort, BVerfGE 120, 274 (307 f.) – Grundrecht auf Computerschutz. Aus diesem Grunde greife der Schutz aus Artikel 10 GG auch nicht, wenn *„eine staatliche Stelle die Nutzung eines informationstechnischen Systems als solche überwacht oder die Speichermedien des Systems untersucht“*, BVerfGE 120, 274 (308) – Grundrecht auf Computerschutz. Auch Artikel 13 GG decke den Zugriff auf informationstechnische Systeme nicht vollständig ab, da der Eingriff *„unabhängig vom Standort erfolgen“* kann, so dass ein raumbezogener Schutz die spezifischen Gefahren des Eingriffs in informationstechnische Systeme nicht abwehren kann, BVerfGE 120, 274 (310) – Grundrecht auf Computerschutz.

informationelle Selbstbestimmung, sah das Gericht nicht als ausreichenden Schutz für Eingriffe in informationstechnische Systeme an.[295] Dem dennoch existierenden Schutzbedarf bei den in Rede stehenden Eingriffen trug das Bundesverfassungsgericht dadurch Rechnung, dass es als eine Ausprägung des APR das „Grundrecht auf Gewährleistung der Vertraulichkeit und Integrität informationstechnischer Systeme" (oftmals „Computergrundrecht" genannt) anerkannte. Dieses Grundrecht kommt dann zur Anwendung, wenn die Eingriffsermächtigung Systeme erfasst, *„die allein oder in ihren technischen Vernetzungen personenbezogene Daten des Betroffenen in einem Umfang und einer Vielfalt enthalten können, dass ein Zugriff auf das System es ermöglicht, einen Einblick in wesentliche Teile der Lebensgestaltung einer Person zu gewinnen oder gar ein aussagekräftiges Bild der Persönlichkeit zu erhalten".*[296]

Eingriffe in dieses Computergrundrecht können sowohl zu präventiven Zwecken als auch zur Strafverfolgung gerechtfertigt sein, müssen jedoch auf einer verfassungsmäßigen gesetzlichen Grundlage beruhen. Der Staat habe schließlich Sicherheit zu gewährleisten und komme diesen Aufgaben auch dadurch nach, dass er auf die vermehrte Nutzung von modernen Kommunikationsmedien zum Zwecke der Vorbereitung krimineller und terroristischer Aktivitäten angemessene Antworten findet.[297] Allerdings müssen für die Neujustierungen Antworten, die das Computergrundrecht einschränken, auch verhältnismäßig sein. Die vorliegende Norm des nordrheinwestfälischen Gesetzes habe diese Voraussetzungen nicht erfüllt. Ein derart intensiver Eingriff in die spezifische Ausformung des Persönlichkeitsrechts mache es erforderlich, dass eine konkrete Gefahr für ein überragend wich-

---

295 S. BVerfGE 120, 274 (311 ff.) – Grundrecht auf Computerschutz. Hinsichtlich der Privatsphäre reiche der Schutz nicht, da Infiltrationen nicht allein Daten aus dem Bereich der Privatsphäre erfassen können und auch aus nicht privaten Daten ein Persönlichkeitsbild entwickelt werden kann, BVerfGE 120, 274 (311) – Grundrecht auf Computerschutz. Das Recht auf informationelle Selbstbestimmung reicht zwar weiter als der Schutz der Privatsphäre, es sei jedoch nicht darauf gemünzt, die Persönlichkeitsentfaltung des Einzelnen zu schützen, der auf die Nutzung informationstechnischer Systeme angewiesen ist und dabei dem System persönliche Daten anvertraut oder allein schon durch dessen Nutzung zwangsläufig liefert. Der zugreifende Dritte kann sich womöglich einen so großen Datenbestand verschaffen, ohne auf weitere Datenerhebungs- und Datenverarbeitungsmaßnahmen angewiesen zu sein, BVerfGE 120, 274 (311 ff.) – Grundrecht auf Computerschutz. Das Recht auf informationelle Selbstbestimmung, welches lediglich einzelne Datenerhebung schützt, würde dem Schutzbedürfnis beim Zugriff auf informationstechnische Systeme also nicht gerecht, BVerfGE 120, 274 (312 f.) – Grundrecht auf Computerschutz.
296 BVerfGE 120, 274 (314) – Grundrecht auf Computerschutz.
297 BVerfGE 120, 274 (319 f.) – Grundrecht auf Computerschutz.

tiges Rechtsgut besteht, also für *„Leib, Leben und Freiheit der Person"* oder *„solche Güter der Allgemeinheit, deren Bedrohung die Grundlagen oder den Bestand des Staates oder die Grundlagen der Existenz der Menschen berührt"*.[298] Auch müssten verfahrensrechtliche Vorkehrungen getroffen werden, um die Interessen des Betroffenen abzusichern, wozu insbesondere der Vorbehalt richterlicher Anordnung gehört.[299]

2.2.2. Emanationen des Menschenwürdegrundsatzes

Neben dem APR und seinen Ausprägungen sind als Maßstab für die Freiheit/Sicherheit-Balance weitere Grundrechte zu beachten. Der Schutz der privaten Lebenssphäre ist im Grundgesetz zwar nicht ausdrücklich erfasst. Spezielle Komponenten haben jedoch Niederschlag gefunden im Schutz des Brief-, Post- und Fernmeldegeheimnisses (Artikel 10 GG) und in der Unverletzlichkeit der Wohnung (Artikel 13 GG). Diese Grundrechte gelten als Emanationen des Menschenwürdegrundsatzes, schützen sie doch besondere, auch der Menschenwürde zuschreibbare Intimbereiche, wie die Vertraulichkeit individueller Kommunikation, und sichern einen notwendigen elementaren Lebensraum.[300] Sie gehen als Spezialregelungen dem Grundrecht aus Artikel 1 Abs. 1 GG und dem APR grundsätzlich vor.[301]

2.2.2.1. Großer Lauschangriff

Artikel 13 GG verbürgt die Unverletzlichkeit der Wohnung,[302] gewährleistet einen räumlich abgeschlossenen individuellen Lebensbereich und schirmt damit die Privatsphäre in räumlicher Hinsicht ab.[303] Im Jahr 1998 wurden die Absätze drei bis sechs in die Vorschrift aufgenommen. Geregelt wird damit der verdeckte Einsatz technischer Mittel in oder aus Wohnungen zu Zwecken der Datenerhebung. Ziel war die Ermöglichung der sogenannten akustischen Wohnraumüberwachung. Es geht also um den Gebrauch von Wanzen oder Richtmikrofonen, mit denen das gesprochene

---

298 BVerfGE 120, 274 (328) – Grundrecht auf Computerschutz.
299 BVerfGE 120, 274 (331) – Grundrecht auf Computerschutz.
300 S. Bethge, Vortrag Menschenwürde; vgl. Hermes, in: Wahl, S. 329 f.
301 Hömig, in: Hömig, Art. 10, Rn. 2; Hömig, in: Hömig, Art. 13, Rn. 2.; Hermes, in: Wahl, S. 329 f.
302 Artikel 13 Abs. 1 GG lautet: *„Die Wohnung ist unverletzlich."*
303 Hömig, in: Hömig, Art. 13, Rn. 2 mit Rechtsprechungsnachweisen. Die Unverletzlichkeit der Wohnung hat einen engen Bezug zur Menschenwürde und steht zugleich im nahen Zusammenhang mit dem verfassungsrechtlichen Gebot unbedingter Achtung einer Sphäre des Bürgers für eine ausschließlich private Entfaltung. Dem Einzelnen soll das *„Recht, in Ruhe gelassen"* zu werden, gerade in seinen Wohnräumen gesichert sein, vgl. BVerfGE 51, 97 (110) – Zwangsvollstreckung I; BVerfGE 75, 318 (328) – Sachverständiger.

Wort aufgezeichnet wird. Der Gesetzgeber wollte durch die Verfassungsänderung neue Möglichkeiten zur Bekämpfung der organisierten Kriminalität schaffen. Als Voraussetzung dafür sah er vor, dass der Verdacht vorliegt, der Betroffene habe „eine durch Gesetz einzeln bestimmte besonders schwere Straftat begangen", sich der Beschuldigte vermutlich in der Wohnung aufhält und die Erforschung des Sachverhalts auf andere Weise unverhältnismäßig erschwert ist.[304] Geregelt sind in dem Verfassungsartikel der repressive, der präventive und der die Einsatzbeamten schützende Lauschangriff.[305] Die gesetzliche Ausgestaltung erfolgte insbesondere durch § 100 c Abs. 1 Nr. 3 der Strafprozessordnung (StPO), wonach das in einer Wohnung gesprochene Wort eines Beschuldigten abgehört und aufgezeichnet werden durfte, wenn begründeter Verdacht vorliegt, dass er eine der näher bezeichneten Katalogstraftaten begangen hat.

Das Gericht sah die Verfassungsänderung als mit dem Menschenwürdegrundsatz (Artikel 1 Abs. 1 GG) vereinbar an,[306] nicht jedoch einen erheblichen Teil der Vorschriften der Strafprozessordnung, die die Durchführungen der Überwachung regelten. Das Gericht betonte die Nähebeziehung des „Wohnungsgrundrechts" zur Menschenwürde. Der Einzelne habe, gerade in seinen privaten Wohnräumen, das „Recht in Ruhe gelassen zu werden".[307] Dazu gehöre das Vertrauen darauf, dass staatliche Stellen die Entfaltung der Persönlichkeit im Kernbereich privater Lebensgestaltung nicht überwachen.[308] Das Gericht stellt jedoch klar, dass nicht jede akustische Überwachung die Menschenwürde verletzt. Dies sei nämlich dann nicht der Fall, wenn es um Gespräche über begangene Straftaten gehe, die gerade nicht zum Kernbereich privater Lebensgestaltung gehörten.[309] Die gesetzliche Ermächtigung müsse aber im Sinne der Normenklarheit detailliertere Sicherungen der Menschenwürde enthalten. Von vornherein unterbleiben müsse die Überwachung zum Beispiel dann, wenn Anhaltspunkte vorliegen, dass die Menschenwürde durch die Abhörmaßnahme verletzt wird. Dies beträfe Sachverhalte höchstpersönlichen Charakters wie Äußerungen innerster Gefühle oder Ausdrucksformen der Sexualität. Sollten die Überwachungen unerwartet zur Erhebung solcher absolut geschützten Informationen füh-

---

304 S. BVerfGE 109, 279 (282) – Großer Lauschangriff.
305 S. Zippelius/Würtenberger, Staatsrecht, § 28 II 2 Rn. 35 ff.
306 Dies hätte gemäß Artikel 79 Abs. 3 GG, der als Maßstab für die Verfassungsmäßigkeit von Verfassungsänderungen dient, zu ihrer Verfassungswidrigkeit geführt.
307 BVerfGE 109, 279 (309) – Großer Lauschangriff m.w.N.
308 BVerfGE 109, 279 (313) – Großer Lauschangriff.
309 BVerfGE 109, 279 (319) – Großer Lauschangriff.

ren, müssten diese unverzüglich abgebrochen und die Aufzeichnungen unverzüglich gelöscht werden.[310]

2.2.2.2. *Vorratsdatenspeicherung*

Eine weitere Variante der verfassungsrechtlichen Problematik des staatlichen Zugriffs auf Daten war Gegenstand eines Verfahrens über die sogenannte Vorratsdatenspeicherung. Hierbei stand das Brief-, Post- und Fernmeldegeheimnis des Artikels 10 GG[311] im Mittelpunkt. Diese Vorschrift garantiert die private, vor den Augen der Öffentlichkeit verborgene Kommunikation durch den Austausch von Informationen, also Nachrichten, Gedanken und Meinungen.[312] Das „Gesetz zur Neuregelung der Telekommunkationsüberwachung (TKG)" aus dem Jahr 2007 diente unter anderem zur Umsetzung einer EU-Richtlinie über die Vorratsdatenspeicherung. Der in Frage stehende § 113a TKG sah die Speicherung von Telekommunikationsverkehrsdaten durch die Betreiber von Telekommunikationsdiensten für die Dauer von sechs Monaten vor. Dies betraf Telefondienste, Internetzugangsdienste und E-Mail-Dienste.[313] Dabei werden bei Telefongesprächen die Rufnummern von Anrufendem und Angerufenem sowie Beginn und Ende des Gesprächs gespeichert. Diese Daten werden ohne Anlass „auf Vorrat" gespeichert und durften von den Anbietern der Kommunikationsdienste zur Strafverfolgung, zur Abwehr von erheblichen Gefahren für die öffentliche Sicherheit und zur Erfüllung der Aufgaben des Verfassungsschutzes, des Bundesnachrichtendienstes und des militärischen Abschirmdienstes übermittelt werden. Voraussetzung dafür war, dass die betreffenden Behörden durch eine Rechtsgrundlage zum Abruf der Daten ermächtigt sind. Eine solche lag in Zusammenhang mit der Strafverfolgung vor (§ 100 g StPO) und war damit auch Gegenstand der Verfassungsbeschwerde.[314]

Das Bundesverfassungsgericht hat mit seinem Urteil vom 2. März 2010 die durch die Bundesgesetze geregelte Vorratsdatenspeicherung im wesentlich für nicht verfassungsgemäß erklärt. Das Bundesverfassungsgericht sah darin einen Verstoß gegen Artikel 10 GG. Das Gericht sah dabei kein grundsätzliches Verbot der Vorratsdatenspeicherung vor. Eingriffe in das Telekommunikationsgeheimnis könnten nämlich dann verfassungs-

---

310 BVerfGE 109, 279 (332) – Großer Lauschangriff; s. auch Zippelius/Würtenberger, Staatsrecht, § 28 II 2 Rn. 36.

311 Artikel 10 Abs. 1 GG lautet: *„Das Briefgeheimnis sowie das Post- und Fernmeldegeheimnis sind unverletzlich."*

312 S. Hömig, in Hömig, Art. 10, Rn. 2.

313 BVerfG, 1 BvR 256/08 v. 2.3.2010, Absatz-Nr. 4 f. – Vorratsdatenspeicherung.

314 S. BVerfG, 1 BvR 256/08 vom 2.3.2010, Absatz-Nr. 3 und 61 – Vorratsdatenspeicherung.

gemäß sein, wenn sie Gemeinwohlzwecken dienten und dem Grundsatz der Verhältnismäßigkeit genügten.[315] In Betracht gezogen werden müsse vom Gesetzgeber jedoch, dass es sich *„bei einer solchen Speicherung um einen besonders schweren Eingriff mit einer Streubreite, wie sie die Rechtsordnung bisher nicht kennt"*, handelt.[316] Gespeichert werden Daten, die, so führt es das Gericht aus, aus Alltagshandeln hervorgehen, *„das im täglichen Miteinander elementar und für die Teilnahme am sozialen Leben in der modernen Welt nicht mehr verzichtbar ist"*.[317] Mithilfe dieser Daten könne man *„tiefe Einblicke in das soziale Umfeld und die individuellen Aktivitäten eines jeden Bürgers gewinnen"*.[318] Auch das gesteigerte Risiko weiterer anlassloser Ermittlungen und des Missbrauchs von solchen vielfältigen Datensammlungen könne beim Bürger *„ein diffus bedrohliches Gefühl des Beobachtetseins"* hervorrufen und eine unbefangene Wahrnehmung anderer Grundrechte beeinträchtigen.[319]

Aufgrund der Schwere des Eingriffs hat das Bundesverfassungsgericht insbesondere folgende Maßstäbe – die im infrage stehenden Fall nicht erfüllt waren – für eine verfassungsgemäße Regulierung entwickelt:

– Die *Datensicherheit* muss angesichts des Umfangs und der potenziellen Aussagekraft der gespeicherten Daten in gesetzlichen Regelungen *„normenklar und verbindlich"* vorgegeben sein. Dabei kann der Gesetzgeber die technische Konkretisierung auch einer Aufsichtsbehörde anvertrauen.[320]

– Die *Verwendung* der Datenbestände aus anlasslos systematisch gespeicherten Telekommunikationsverkehrsdaten kommt nur für *„überragend wichtige Aufgaben des Rechtsgüterschutzes"* in Betracht.[321]

---

315 BVerfG, 1 BvR 256/08 vom 2.3.2010, Absatz-Nr. 204 – Vorratsdatenspeicherung.

316 Es würden nämlich über einen Zeitraum von sechs Monaten *„praktisch sämtliche Telekommunikationsverkehrsdaten aller Bürger ohne Anknüpfung an ein zurechenbar vorwerfbares Verhalten"* erfasst, BVerfG, 1 BvR 256/08 vom 2.3.2010, Absatz-Nr. 210 – Vorratsdatenspeicherung.

317 BVerfG, 1 BvR 256/08 vom 2.3.2010, Absatz-Nr. 210 – Vorratsdatenspeicherung.

318 BVerfG, 1 BvR 256/08 vom 2.3.2010, Absatz-Nr. 211 – Vorratsdatenspeicherung.

319 BVerfG, 1 BvR 256/08 v. 2.3.2010, Absatz-Nr. 212 –Vorratsdatenspeicherung.

320 BVerfG, 1 BvR 256/08 v. 2.3.2010, Absatz-Nr. 225 – Vorratsdatenspeicherung.

321 BVerfG, 1 BvR 256/08 vom 2.3.2010, Absatz-Nr. 227 – Vorratsdatenspeicherung. Für die Strafverfolgung bedeutet dies eine im Einzelfall schwerwiegende Straftat, BVerfG, 1 BvR 256/08 vom 2.3.2010, Absatz-Nr. 228 f. – Vorratsdatenspeicherung, für die Gefahrenabwehr nur eine durch bestimmte Tatsachen hinreichend belegte, konkrete *„Gefahr für Leib, Leben oder Freiheit einer Person, für den Bestand oder die Sicherheit des Bundes oder eines Landes oder zur Abwehr einer gemeinen Gefahr"*, BVerfG, 1 BvR 256/08 vom 2.3.2010, Absatz-Nr. 231 – Vorratsdatenspeicherung. Hinsichtlich der mittelbaren Nutzung, die auf die Identifizierung von Anschlussinhabern bestimmter, bereits bekannter Adressen zielt, sind die verfassungsrechtlichen Maßstäbe weniger streng, BVerfG, 1 BvR 256/08 vom 2.3.2010, Absatz-Nr. 254 ff. – Vorratsdatenspeicherung.

- Mit Blick auf den Verhältnismäßigkeitsgrundsatz geboten ist zudem, etwa Telekommunikationsverbindungen *„in sozialen oder kirchlichen Bereichen"* auszunehmen.[322]
- Zur verfassungsrechtlich unbedenklichen Verwendung von Vorratsdaten gehören laut Bundesverfassungsgericht auch Anforderungen an die *Transparenz*. Die Verwendung der Daten muss soweit möglich offen erfolgen; ansonsten muss der Betroffene im Grundsatz zumindest nachträglich benachrichtigt werden.[323]
- Außerdem muss nach dem Urteil ein *effektiver Rechtsschutz* gewährleistet sein, wozu grundsätzlich ein Richtervorbehalt hinsichtlich der Abfrage oder Übermittlung der Daten vorgesehen sein muss.[324]

2.2.3. Menschenwürde, Lebensschutz und Freiheit und Sicherheit

Dass es bei Fragen von Freiheit und Sicherheit an die Substanz des Verfassungsstaates geht, zeigt sich auch daran, dass die Menschenwürde nicht nur als Bestandteil des APRs und als Emanation (Artikel 10 und 13 GG), sondern auch unmittelbar als Maßstab ins Spiel kommt. So war sie gemeinsam mit dem Lebensschutz Maßstab für die Entscheidung des Bundesverfassungsgerichts aus dem Jahr 2006 über das Luftsicherheitsgesetz.

Streitpunkt des Luftsicherheitsgesetzes war die Ermächtigung der Streitkräfte, Flugzeuge durch unmittelbare Einwirkung mit Waffengewalt abzuschießen, wenn diese als Tatwaffe gegen das Leben von Menschen eingesetzt werden sollen.[325] Das Bundesverfassungsgericht sah die Regelung bereits deswegen als verfassungswidrig an, da der Bund nicht die Gesetzgebungskompetenz für die geregelte Frage besäße.[326] Das Gericht nahm das Verfahren jedoch zum Anlass, um klarzustellen, dass derartige Einsätze nicht mit der Menschenwürde und dem Recht auf Leben vereinbar sind. Die Unvereinbarkeit resultiere aus der Betroffenheit tatunbeteiligter Menschen an Bord des Flugzeugs. Das Gericht hob hervor, dass diese Menschen ihre Lebensumstände nicht mehr selbstbestimmt beeinflussen könnten und mithin

---

322 BVerfG, 1 BvR 256/08 v. 2.3.2010, Absatz-Nr. 238 – Vorratsdatenspeicherung.
323 BVerfG, 1 BvR 256/08 v. 2.3.2010, Absatz-Nr. 240 – Vorratsdatenspeicherung.
324 BVerfG, 1 BvR 256/08 vom 2.3.2010, Absatz-Nr. 247 ff. – Vorratsdatenspeicherung.
325 Anknüpfungspunkt war § 14 Abs. 3 des Luftsicherheitsgesetzes, BVerfGE 115, 118 (119) – Luftsicherheitsgesetz.
326 Ein Grund dafür läge bereits darin, dass der Bund zwar gem. Artikel 35 Abs. 2 S. 2 und Abs. 3 S. 1 GG die Befugnis zur Gesetzgebung für Regelungen über den Einsatz von Streitkräften gegen Naturkatastrophen und besonders schwere Unglücksfälle sowie das Zusammenwirken mit den beteiligten Ländern habe. Allerdings decke Artikel 35 Abs. 2 S. 2 GG keinen Kampfeinsatz der Streitkräfte mit spezifisch militärischen Waffen, s. BVerfGE 115, 118 (146 ff.) – Luftsicherheitsgesetz.

nur noch *bloße Objekte"* der staatlichen Rettungsaktion zum Schutze anderer seien.[327] Durch ihre Tötung als Mittel zur Rettung anderer würden sie *„verdinglicht und zugleich entrechtlicht"*.[328] Den Flugzeuginsassen würde *„der Wert abgesprochen, der dem Menschen um seiner selbst willen zukommt"*.[329] Es sei *„schlechterdings unvorstellbar"*, dass es eine zulässige gesetzliche Ermächtigung gäbe, unschuldige, in einer hilflosen Lage befindliche Menschen vorsätzlich zu töten.[330]

Das Gericht verwarf die Gegenargumente einer mutmaßlichen Einwilligung in den Abschuss mit Besteigen des Flugzeugs und auch des ohnehin dem Tod-Geweiht-Seins in einer derartigen Situation. *„Menschliches Leben und menschliche Würde genießen ohne Rücksicht auf die Dauer der physischen Existenz des Menschen gleichen verfassungsrechtlichen Schutz."*[331] Auch dem Argument, der Einzelne sei im Interesse des Staatsganzen notfalls zur Hinnahme der Tötung verpflichtet, folgte das Gericht nicht. Bei der Ermächtigung des Luftsicherheitsgesetzes ginge es nämlich nicht um die Abwehr von Angriffen, die auf die Beseitigung des Gemeinwesens und die Vernichtung der staatlichen Rechts- und Freiheitsordnung zielten.[332] Ferner würde keine Rechtfertigung für einen solchen Eingriff aufgrund der staatlichen Schutzpflichten zugunsten derjenigen Menschen bestehen, gegen die das Flugzeug als Tatwaffe eingesetzt werden soll.[333] Als Abwehrmittel kämen nur verfassungsmäßige Maßnahmen in Betracht, an denen es hier aus den oben genannten Gründen fehle.[334]

Vereinbar mit dem grundgesetzlichen Lebensschutz in Verbindung mit der Menschenwürde sei die in Rede stehende Vorschrift des Luftsicherheitsgesetzes jedoch dann, wenn sich die unmittelbare Waffengewalt gegen ein unbemanntes Luftfahrzeug oder nur gegen Personen richtet, die das Luftfahrzeug als Tatwaffe gegen das Leben von Menschen auf der Erde einsetzen wollen. Der Angriff auf das Leben des Angreifers könne dann gerechtfertigt werden, da dem Angreifer die Folgen seines selbstbestimmten Verhaltens persönlich zugerechnet werden und das Ziel, Menschen zu retten, von entsprechendem Gewicht ist.[335]

---

327 BVerfGE 115, 118 (154) – Luftsicherheitsgesetz.
328 BVerfGE 115, 118 (154) – Luftsicherheitsgesetz.
329 BVerfGE 115, 118 (154) – Luftsicherheitsgesetz.
330 BVerfGE 115, 118 (157) – Luftsicherheitsgesetz.
331 BVerfGE 115, 118 (158) – Luftsicherheitsgesetz.
332 BVerfGE 115, 118 (159) – Luftsicherheitsgesetz.
333 BVerfGE 115, 118 (159 f.) – Luftsicherheitsgesetz.
334 BVerfGE 115, 118 (160) – Luftsicherheitsgesetz.
335 BVerfGE 115, 118 (160 ff.) – Luftsicherheitsgesetz.

2.3. Fazit

Am Themenkomplex Freiheit und Sicherheit lässt sich aufzeigen, wie das Bundesverfassungsgericht den Grundrechtsschutz mittels Interpretation ausweitet. Dabei konkretisiert und stärkt es die Grundlagen des Grundgesetzes vor dem Hintergrund neuer technischer Machbarkeiten. Ein wichtiges Instrument dazu ist das aus dem Menschenwürdegrundsatz und dem allgemeinen Freiheitsrecht entwickelte allgemeine Persönlichkeitsrecht. Dessen Erscheinungsformen als Grundrecht auf informationelle Selbstbestimmung und als Grundrecht auf Gewährleitung der Vertraulichkeit und Integrität informationstechnischer Systeme begründen mit den Grundrechtsemanationen Wohnungs- und Kommunikationsschutz den Umfang einer zeitgemäßen Privatheit. Dabei werden bestimmte Aspekte hervorgehoben, die bei der Bewertung zu berücksichtigen sind, etwa die Streubreite der Datenerfassung.[336] Die Verfassungsinterpretation misst auch die technischen und organisatorischen Gegebenheiten an den angesprochenen Grundrechten und zeichnet so einen grundrechtskonformen Datenschutz vor.

Zur Akzeptanz des Ordnungsrahmens trägt bei, dass die mit den Klagen angegangenen staatlichen Maßnahmen in der Regel nicht kategorisch ausgeschlossen werden, sondern an Bedingungen wie die Gefährdung hoher Rechtsgüter geknüpft werden. Die Orientierung und Ausstrahlung der Urteile auf zukünftige sicherheitspolitische Regulierungen liegt in der spezifischen Verhältnismäßigkeit staatlicher Maßnahmen, dem Bestimmtheitsgrundsatz und dem Kernbereichsschutz, was insbesondere am Urteil über die Vorratsdatenspeicherung deutlich wird.[337]

Der Menschenwürdeschutz gilt sowohl beim allgemeinen Persönlichkeitsrecht, beim Wohnungs- und Kommunikationsgrundrecht als auch in Verbindung mit dem Lebensschutz. Er führt zu dezidierten Grenzen von Eingriffen in Privatsphäre und Leben in Notsituationen. Der Menschenwürdegrundsatz ist daher als grundlegender Maßstab für die Ordnung von Freiheit und Sicherheit vom Bundesverfassungsgericht entfaltet worden.

---

336 Diese wäre auch ein Kriterium für die Bewertung von Google Street View, so Prantl, Kommentar Google.

337 Die Bindung der Gesetzgebung im Voraus wird jedoch auch als zu stark angesehen, s. Sondervotum Schluckebier, BVerfG, 1 BvR 256/08 vom 2.3.2010, Absatz-Nr. 310 ff. – Vorratsdatenspeicherung.

3. Kulturgeprägte Institutionen im Wandel

Der Wandel in den gesellschaftlichen Verhältnissen hat Auswirkungen auf in besonderem Maße kulturell geprägte Institutionen. Mit einem weiten Kulturbegriff gehören dazu nicht nur Kunst, Bildung und Wissenschaft, sondern alle *„typischen Lebensformen, Wert- und Verhaltenseinstellungen innerhalb der Gesellschaft"*.[338] Solche „typischen Lebensformen" werden ebenfalls von der Pluralisierung der Wert- und Verhaltenseinstellungen erfasst. Nachzeichnen lässt sich dies an den kulturellen Institutionen Ehe und Feiertagen, denen das Grundgesetz besondere Bedeutung und Schutz zuerkannt hat. Für den Grundkonsens der Gesellschaft ist das Kulturelle umso bedeutsamer, als ihm eine Basisfunktion zukommt. So könne, laut Bundesverfassungsgericht, auch ein religiös-weltanschaulich neutraler Staat *„die kulturell vermittelten und historisch verwurzelten Wertüberzeugungen und Einstellungen nicht abstreifen, auf denen der gesellschaftliche Zusammenhalt beruht und von denen auch die Erfüllung seiner Aufgaben abhängt"*.[339] Daher ist die Verfassungsinterpretation auf diesem Gebiet – gerade mit Blick auf den gesellschaftlichen Wandel seit Verabschiedung des Grundgesetzes – von besonderer Bedeutung für die Fortschreibung des in der Verfassung niedergelegten Konsenses.

3.1. Beispiel Ehe

Allein aufgrund der demographischen Entwicklung handelt es sich bei dem Komplex Ehe[340] und Familie um ein *„Zukunftsthema ersten Ranges"*[341]. Dieses Modell des Zusammenlebens ist außerdem konfrontiert mit Veränderungen in der Arbeitswelt, dem Rückgang der Geburtenzahlen und der steigenden Anzahl von Familien mit Migrationshintergrund, deren Gestaltung des Ehe- und Familienlebens oftmals von der Herkunft geprägt ist.[342] Eine Auswirkung des Wandels zeigt sich – gerade im Vergleich mit dem Ehe- und Familienbild zur Zeit der Verabschiedung des Grundgesetzes – in der Pluralisierung von Partnerschaftsmodellen und familiären Formen des Zusammenlebens. Gesetzliche Antworten haben sich – sieht man von den Impulsen der verfassungsrechtlichen Verankerung der Gleichberechtigung

---

338 Uhle, Kulturelle Identität, S. 12.
339 BVerfGE 93,1 (22) – Kruzifix; dazu Uhle, Kulturelle Identität, S. 12.
340 Zur Geschichte der Institution Ehe Uhle, Kulturelle Identität S. 259 ff.
341 Ipsen, in: HStR VII, § 154, Rn. 5.
342 S. als Überblick zum Beispiel Henry-Huthmacher/Hoffmann, Familienreport.

von Mann und Frau in Artikel 3 Abs. 2 GG im Jahre im Jahre 1994 ab[343] – nicht in Textänderungen der Verfassung niedergeschlagen. Sie finden sich vor allem auf der einfachen Gesetzesebene.[344] Die dort abgebildeten gesellschaftlichen Einstellungen sind eine Herausforderung für die Entfaltung der Konsensfunktion der einschlägigen Verfassungsregeln.

3.1.1. Die privilegierte Stellung der Ehe im Grundgesetz

Die verfassungsrechtlichen Grundsätze für Ehe und Familie markiert Artikel 6 Abs. 1 GG[345]. Im Gegensatz zum Beispiel zu den Grundrechten zum Schutz der Privatheit Artikel 10 und 13 GG steht Artikel 6 GG nur in einer kurzen Tradition. Die Artikel 119 bis 122 der Weimarer Reichsverfassung (WRV) waren europaweit die erste Verfassungsnormierung zum Schutz von Ehe, Familie, Mutterschaft, Elternrecht, unehelichen Kindern und Jugendlichen.[346] Ein eigenes Grundrecht für Ehe und Familie war bei den Vorberatungen zum Grundgesetz zunächst nicht in Planung, es wurde dann aber Teil des sogenannten „Großen Bonner Grundgesetzkompromisses"[347]. Dem Wunsch der bürgerlichen Parteien nach einer grundlegenden Regelung zu Ehe und Familie sowie über das Schulwesen (Artikel 7 GG) wurde entsprochen, genauso wie Artikel 15 GG (Sozialisierung) den Präferenzen der Sozialdemokratie entsprach.[348]

Der besondere Schutz der Ehe erklärt sich aus ihrem institutionellen Kern: der Reproduktionsfunktion und der Sozialisationsfunktion der Familie.[349] Die Ehe ist regelmäßig die Vorstufe zur Familie, welche wiederum für die Fortexistenz einer Gesellschaft maßgeblich ist.[350] Gegenüber eheähnlichen Gemeinschaften liegt die Rechtfertigung der Ehe unter anderen darin, dass Ehepartner grundsätzlich auf Lebenszeit in Gemeinschaft leben und gesetzlich angehalten sind, füreinander Verantwortung zu tragen.[351]

---

343 S. etwa die Beispiele Gleichberechtigung bei der Wahrnehmung der elterlichen Gewalt, die Anerkennung der Arbeit der Frau im Haushalt als Unterhaltsleistung und die Verwerfung des Vorrangs des Mannesnamens für den Ehe- und Familiennamen bei Bergmann, in: Hömig, Art. 3 Rn. 11.
344 S. Wahl, Verfassungsänderung, S. 65 (73 f.).
345 Artikel 6 Abs. 1 GG lautet: *„Ehe und Familie stehen unter dem besonderen Schutze der staatlichen Ordnung."*
346 Gröschner, in: Dreier, Art. 6, Rn. 1.
347 Die Vorberatungen zum GG sahen kein solches Grundrecht vor, es wurde im Parlamentarischen Rat dann aber doch diskutiert, Ipsen, in: HStR VII, § 154, Rn. 2.
348 Ipsen, in: HStR VII, § 154, Rn. 2; s. zur Entstehungsgeschichte auch BVerfGE 6, 55 (72 ff.) – Steuersplitting.
349 Gröschner, in: Dreier, Art. 6, Rn. 13.
350 Zum Schutz auch der kinderlosen Ehe Ipsen, in: HStR VII, § 154, Rn. 16 ff.
351 Ipsen, in: HStR VII, § 154, Rn. 19.

Positiv bedeutet der in Artikel 6 Abs. 1 GG statuierte besondere Schutz *„die Aufgabe für den Staat, Ehe und Familie nicht nur vor Beeinträchtigungen durch andere Kräfte zu bewahren, sondern auch durch geeignete Maßnahmen zu fördern, negativ das Verbot für den Staat selbst, die Ehe zu schädigen oder sonst zu beeinträchtigen".*[352] Der Schutz der Ehe und Familie ist, so macht es bereits die frühe Rechtsprechung des Bundesverfassungsgerichts deutlich,[353] dreigliedrig: Artikel 6 Abs. 1 GG stellt ein *Abwehrrecht* dar, normiert eine *Institutsgarantie* und ist *wertentscheidende Grundsatznorm*.[354] Ehe und Familie werden in diesem Urteil als die *„Keimzelle jeder menschlichen Gemeinschaft"* bezeichnet, deren Bedeutung mit keiner anderen menschlichen Bindung verglichen werden könne.[355]

Verfassungsrechtlich gesehen ist die Ehe die auf freier Entschließung beruhende, auf Dauer angelegte, in der rechtlich vorgesehenen Form geschlossene Lebensgemeinschaft von Mann und Frau, die grundsätzlich nicht auflösbar ist.[356] Dabei ist die Ehe durch bestimmte gegenseitige Rechte und Pflichten personeller und wirtschaftlicher Art bestimmt.[357] Die Verschiedengeschlechtlichkeit der Partner ist nach ganz herrschender Meinung dem Begriff der Ehe wesenseigen.[358] Das Grundgesetz habe auf eine Definition schon aufgrund der Evidenz des Ehebegriffs verzichtet.[359] Das Merkmal der *„rechtlich vorgesehen Form"* wird insbesondere durch die Mitwirkung des Standesbeamten erfüllt.[360] *„Auf Dauer angelegt"* meint die Verpflichtung gem. § 1353 Abs. 1 S. 2 BGB zum Zusammenleben und die Vorgabe einer lebenslangen Gemeinschaft. Weiteres Merkmal der Ehe ist ihre grundsätzliche Unauflösbarkeit. Dies bedeutet, dass die Ehe nicht aufgrund eines freien Willensentschlusses der Ehepartner aufgelöst werden kann, sondern nur durch staatliche Mitwirkung durch Urteil (§ 1313 S. 1 BGB) oder Scheidung gemäß § 1564 S. 1 BGB.[361]

Familie im Sinne von Artikel 6 Abs. 1 GG, die dogmatisch von der Ehe entkoppelt ist,[362] bezeichnet die Gemeinschaft von Eltern und Kin-

---

352 BVerfGE 6, 55 (76) – Steuersplitting.
353 BVerfGE 6, 55 – Steuersplitting.
354 Vgl. BVerfGE 6, 55 (71 ff.) – Steuersplitting.
355 BVerfGE 6, 55 (71) – Steuersplitting.
356 Badura, Staatsrecht, Teil C, Rn. 55; ähnlich Ipsen, in: HStR VII, § 154, Rn. 8 m.w.N.
357 Badura, Staatsrecht, Teil C, Rn. 54.
358 Ipsen, in: HStR VII, § 154, Rn. 9.
359 Ipsen, in: HStR VII, § 154, Rn. 9.
360 Das Grundrecht gewährt jedoch auch Schutz bei Ehen, die im Ausland geschlossen wurden, wenn dort keine Zivilehe vorgesehen ist, Ipsen, in: HStR VII, § 154, Rn. 10.
361 Ipsen, in: HStR VII, § 154, Rn. 12.
362 Dazu näher Gröschner, in: Dreier, Art. 6, Rn. 72.

dern, wobei es nicht auf die eheliche Verbindung der Eltern ankommt.[363]
In Verbindung mit Artikel 6 Abs. 2 GG wird die Familie insbesondere als
Lebens- und Erziehungsgemeinschaft geschützt. Diese kann sich auch – mit
sich steigernder Einsichtsfähigkeit des Kindes – zur Hausgemeinschaft und
letztlich zur schlichten Begegnungsgemeinschaft verändern. Orientierungs-
punkt der verfassungsgerichtlichen Beurteilung der Familie ist deren Funktion als einer *„Beistandsgemeinschaft".*[364]

3.1.2. Dimensionen des Grundrechtschutzes der Ehe

3.1.2.1. Funktion als Abwehrrecht

Artikel 6 GG schützt die spezifische Privatsphäre der Ehe[365] und sichert in
diesem Lebensbereich die *„Eigenständigkeit und Selbstverantwortlichkeit des
Menschen".*[366] Als Freiheits- und Abwehrrecht zielt es auf die Unterlassung
von verfassungsrechtlich nicht gerechtfertigten Eingriffen in den Schutzbereich.[367] Der Ehebezug in Artikel 6 Abs. 1 GG enthält zwei Dimensionen:
die Eheschließungsfreiheit und die Ehegestaltungsfreiheit. Die Eheschließungsfreiheit bedeutet insbesondere das subjektive Recht, mit einem selbst-
gewählten, geschlechtsverschiedenen Partner die Ehe einzugehen und in
Ehe und Familie zusammenzuleben.[368] Dieses Recht würde beispielsweise in
der Regel unzulässig eingeschränkt werden durch Eheverbote[369], vertragliche
Zölibatsklauseln[370] und Ebenbürtigkeitsregelungen[371]. Die Ehegestaltungsfreiheit bedeutet die Freiheit der Ehepartner, eine geschlossene Ehe nach
ihrem Willen auszugestalten.[372] Der Staat muss beispielsweise Regelungen
vermeiden, die geeignet wären, in die freie Entscheidung der Ehegatten über
ihre Aufgabenverteilung in der Ehe einzugreifen.[373]

---

363 Zippelius/Würtenberger, Staatsrecht, § 32 I 2 Rn. 7; vgl. auch Pieroth, in: Jarass/
     Pieroth, Art. 6, Rn. 4.
364 Gröschner, in: Dreier, Art. 6, Rn. 73 m.w.N.
365 BVerfGE 6, 55 (71) – Steuersplitting.
366 BVerfGE 6, 55 (71) – Steuersplitting.
367 Gröschner, in: Dreier, Art. 6, Rn. 32.
368 Antoni, in: Hömig, Art. 6, Rn. 8; Ipsen, in: HStR VII, § 154, Rn. 23.
369 Gesetzliche Eheverbote: § 1306 BGB (Doppelehe), Verwandtschaft gerader Linie
     (§ 1307 BGB), das Zölibat katholischer Priester, Ipsen, in: HStR VII, § 154, Rn. 25 f.
370 Zölibatsklauseln in Arbeitsverträgen zum Beispiel sind gemäß § 138 BGB grundsätz-
     lich sittenwidrig und damit nichtig; das Zölibat katholischer Priester gehört zum Selbst-
     bestimmungsrechts der Kirchen gem. Artikel 137 Abs. 3 WRV, der gemäß Artikel 140
     GG Bestandteil des Grundgesetzes ist, Ipsen, in: HStR VII, § 154, Rn. 27 ff.
371 Damit gemeint sind Hausgesetze des Hochadels, bei denen die Erbfolge von einer
     „ebenbürtigen" Heirat abhängt, Ipsen, in: HStR VII, § 154, Rn. 30.
372 Ipsen, in: HStR VII, § 154, Rn. 38.
373 BVerfGE 66, 84 (94) – Unterhalt III.

3.1.2.2. Institutsgarantie

Artikel 6 GG gewährleistet auch die Institutsgarantie der Ehe. Mit institutionellen Garantien (oder Einrichtungsgarantien) sichert die Verfassung die historische Kontinuität von bestimmten sozialen und staatlichen Strukturen, die grundlegende Bedeutung für die gesellschaftliche Ordnung haben.[374] Artikel 6 Abs. 1 GG verhindert also staatliche Maßnahmen, die auf Abschaffung der Ehe zielen oder auch nur die Abschaffung fördern. Dem Gesetzgeber wird allerdings ein erheblicher Gestaltungsspielraum belassen.[375] Die Einrichtungsgarantie sichert die wesentlichen Strukturen der Ehe lediglich so, dass *„ein Normenkern"* des Ehe- und Familienrechts verfassungsrechtlich gewährleistet wird,[376] zum Beispiel bei der Ausgestaltung des Scheidungsrechts[377]. Das Grundgesetz gewährleistet also die Ehe in ihrer jeweiligen Ausgestaltung durch den Gesetzgeber.[378] Dieser hat jedoch wesentliche Strukturprinzipien zu beachten. Dazu gehört insbesondere, dass die Ehe die Vereinigung eines Mannes mit einer Frau zu einer auf Dauer angelegten Lebensgemeinschaft ist.[379] Dabei bedeutet die Institutsgarantie kein Verbot, für die seit dem Jahr 2001 mögliche gleichgeschlechtliche Lebenspartnerschaft Rechte und Pflichten vorzusehen, die denen der Ehe gleich oder nahe kommen. Denn dem Institut der Ehe drohen keine Einbußen durch ein Institut, das sich an Personen wendet, die miteinander keine Ehe eingehen können, da sie nicht unterschiedlichen Geschlechtes sind.[380]

3.1.2.3. Wertentscheidende Grundsatznorm

Das Bundesverfassungsgericht hat Artikel 6 Abs. 1 GG den Charakter einer „wertentscheidender Grundsatznorm" zugeschrieben. Der fünfte Leitsatz des Urteils über das Ehegattensplitting lautet: *„Art. 6 Abs. 1 GG ist nicht nur ein ‚klassisches Grundrecht' zum Schutze der spezifischen Privatsphäre von Ehe und Familie sowie Institutsgarantie, sondern darüber hinaus zugleich eine Grundsatznorm, das heißt eine verbindliche Wertentscheidung für den gesamten Bereich des Ehe und Familie betreffenden privaten und öffentlichen Rechts".*[381] Diese Deutung würde auch dem leitenden Prinzip des sozialen Rechtsstaats

---

374 Zippelius/Würtenberger, Staatsrecht, § 17 Rn. 12 f.
375 Antoni, in: Hömig, Art. 6, Rn. 10.
376 BVerfGE 6, 55 (72) – Steuersplitting.
377 Antoni, in: Hömig, Art. 6, Rn. 10.
378 Vgl. BVerfGE 105, 313 (345) – Lebenspartnerschaftsgesetz.
379 BVerfGE 105, 313 (345) – Lebenspartnerschaftsgesetz m.w.N.
380 S. den 3. Leitsatz BVerfGE 105, 313 – Lebenspartnerschaftsgesetz; s. in diesem Kontext die abweichende Meinung des Richters Papier, BVerfGE 105, 313 (357 ff.) – Lebenspartnerschaftsgesetz.
381 BVerfGE 6, 55 – Steuersplitting.

und der Einordnung der Norm in den Grundrechtsteil der Verfassung gerecht.[382] Die Betonung der Wertqualität führt dazu, dass die Ehe auch als *„kulturelles Identitätselement des Grundgesetzes"* bezeichnet wird[383] und damit neben den Identitätskern gestellt wird, der im Wesentlichen aus Artikel 1 und Artikel 20 GG gebildet wird.[384] Die Ehe sei ein Beispiel dafür, dass eine solche Freiheitsverbürgung *„von der Erfüllung kulturell geprägter Voraussetzungen"* abhängig ist.[385] Aufgrund der spezifischen kulturellen Ausprägung der Ehe können sich beispielsweise nur ein Mann und eine Frau auf dieses Freiheitsrecht berufen. Der Verfassungsstaat sei nicht neutral in diesen Bereichen, sondern auf die institutionelle Wahrung des konstitutiven Merkmals einer *„identitätsgeprägten institutionellen Ordnung"* verpflichtet.[386] Diese Betonung der Wertqualität erreicht jedoch nicht das Maß an Verbindlichkeit, wie es der Institutsgarantie oder dem Freiheitsrecht zukommt.[387] *Ipsen* sieht die Hervorhebung durch das Bundesverfassungsgericht als Beleg, dass Ehe und Familie *„einen durch die Verfassung anerkannten ‚Wert' darstellen, der nicht beliebiger Relativierung zugänglich"* ist.[388] So muss Artikel 6 Abs. 1 GG bei der Auslegung und Anwendung des einfachen Rechts berücksichtigt werden, was insbesondere bei der Anwendung von Generalklauseln zu beachten ist.[389]

3.1.3. Fazit

Der Ehe kommt wie der Familie eine fundamentale Funktion zu. Die bestehende verfassungsrechtliche Schutzvorkehrung ist Ausdruck des Bildes der Ehe als Grundlage der Familie, die ihrerseits *„Grundlage des Staates"*, *„Garant des Generationenvertrags"* und *„Ort der Einübung der neuen Generation in die Tradition von Lebensformen und Wertvorstellungen"* ist.[390] Der Gesetzgeber ist durch die Verfassung verpflichtet, die Ehe durch geeignete Maßnahmen zu fördern, wobei ihm kein spezifisches Programm zur Ehe- und Familienförderung aufgegeben ist. Ihm ist es zugleich untersagt, diese

---

382 BVerfGE 6, 55 (72 ff.) – Steuersplitting.
383 Hofmann, in: Schmidt-Bleibtreu/Klein, Art. 6, Rn. 5; vgl. auch Uhle, Kulturelle Identität; S. 252 ff.
384 Beispiele seien außer dem institutionellen Schutz der Ehe die Verpflichtung des Schutzes der Sonn- und Feiertage und das Verbot der Staatskirche, Hofmann, in: Schmidt-Bleibtreu/Klein, Rn. 5.
385 Hofmann, in: Schmidt-Bleibtreu/Klein, Art. 6, Rn. 5.
386 Hofmann, in: Schmidt-Bleibtreu/Klein, Art. 6, Rn. 5.
387 BVerfGE 80, 81 (92 f.) – Volljährigenadoption I.
388 Ipsen, in: HStR VII, § 154, Rn. 25 ff.
389 Hofmann, in: Schmidt-Bleibtreu/Klein, Art. 6, Rn. 4; BVerfGE 22, 93 (98 ff.) – Unterhalt I.
390 Zitate bei Würtenberger, Determinanten, in: Wahl, S. 449.

Institutionen gegenüber anderen Lebens- und Erziehungsgemeinschaften zu benachteiligen. So ist es staatlichen Organen verwehrt, rechtliche Nachteile an Ehe und Familie zu knüpfen, also Ehegatten gegenüber Ledigen, eheliche Erziehungsgemeinschaften oder Eltern gegenüber Kinderlosen zu benachteiligen.[391] In der Praxis drückt sich dies vor allem im Kontext des Sozialrechts aus. Hier hat das Bundesverfassungsgericht verschiedene Korrekturen vorgenommen und Maßstäbe etabliert.[392] So hat es beispielsweise aus dem Sozialstaatsgebot des Grundgesetzes und der Wertentscheidung des Artikel 6 Abs. 1 GG sowie dem allgemeinen Gleichheitssatz aus Artikel 3 Abs. 1 GG die Verpflichtung des Staates zu einem Familienlastenausgleich entwickelt.[393]

Nun ist der Erosionsprozess der Ehe ein Merkmal des gesellschaftlichen Wandels. Immer mehr Menschen halten die Ehe für ein überholtes Modell, die Zahl der Eheschließungen geht zurück, während sich die Scheidungsziffern zumindest auf hohem Niveau halten. Es scheint, als ob die Orientierungsfunktion der Verfassung und ihre normative Kraft gerade bei der *„vielleicht wichtigsten institutionellen Garantie des Grundgesetzes"*[394] schwinden. Es scheint ein Spannungsfeld zu bestehen zwischen der *„normativen Kraft des gesellschaftlichen Wandels"* und der *„normativen Kraft verfassungsrechtlicher Garantien"*, so wie es die Institutsgarantie der Ehe ist.[395]

Aufgrund der Ausstrahlungsfunktion der Verfassung ist zu fragen, ob sich aus Artikel 6 Abs. 1 GG Konsequenzen für die Regulierung der Institution Ehe ergeben. Reaktionen auf den Wandel spielen sich vor allem auf einfachgesetzlicher Ebene ab. So haben sich beispielsweise Veränderungen manifestiert in der normativen Betrachtung über das Ende der Ehe. Dies führte zum Übergang vom Verschuldensprinzip zum Zerrüttungsprinzip als Grundlage des Scheidungsrechts durch die Familienrechtsreform im Jahr 1978.[396] Eine Antwort auf die Pluralisierung von Partnerschaftsmodellen war das Lebenspartnerschaftsgesetz aus dem Jahr 2001.[397] Die eingetragenen Lebensgemeinschaften von Homosexuellen haben nicht die Möglich-

---

391 Shirvani, NZS 2009, S. 242 (245 f.).
392 S. Shirvani, NZS 2009, S. 242 (245 ff.); Papier, NJW 2002, S. 2129 (2131 f.).
393 Etwa BVerfGE 82, 60 (81) – Steuerfreies Existenzminimum u. BVerfGE 87, 1 (36) Trümmerfrauen; dazu Shirvani, NZS 2009, 242 (243 f. u. 248).
394 Würtenberger, Determinanten, in: Wahl, S. 449 (450).
395 Würtenberger, Determinanten, in: Wahl, S. 449 u. 451.
396 S. Beutler, in: Wahl S. 441.
397 Dies betrifft zum Beispiel die Möglichkeit, einen gemeinsamen Namen zu bestimmen, gegenseitige Unterhaltspflichten zu begründen, das gesetzliches Erbrecht des überlebenden Lebenspartners und Zeugnisverweigerungsrechte, s. BMJ, Lebenspartnerschaftsgesetze, S. 2.

keit, selbst Nachwuchs zu zeugen und zu erziehen.[398] Der Gesetzgeber kann ungeachtet dessen entsprechende rechtliche Formen zur Regulierung von nichtehelichen Partnerschaftsformen bereit stellen.[399]

Auch wenn die Gesetzgebung unter anderem daran anknüpfen kann, dass auch andere Lebensgemeinschaften Beiträge zur Reproduktion und Sozialisation des Nachwuchses leisten, grenzt sich die Ehe immer noch von diesen anderen Formen ab. Sie bedeutet bestimmte Verpflichtungslasten, es zeigen sich immer noch kulturelle Legitimationen zur Privilegierung und sie gründet auf der biologischen Reproduktionsvoraussetzung, auch wenn sich Reproduktionsformen ebenfalls pluralisieren. Umstritten ist freilich die Länge des rechtlichen Abstands, den die Ehe zu anderen Formen des Zusammenlebens aufweisen soll.[400] Das Bundesverfassungsgericht sieht derzeit keine Pflicht des Gesetzgebers, einen deutlichen Abstand zu etablieren.[401]

Mit Blick auf die Reproduktions- und Sozialisierungsfunktion der Ehe, die deren Privilegierung begründen, liegt die Herausforderung darin, diese Funktionen aufrechtzuerhalten. Da der Wandel das Modell Ehe zurückdrängt, dürften die Schwerpunkte für die gesetzgeberische Gestaltung auf der Förderung dieser Funktionen bei der – nicht an die Ehelichkeit der Eltern geknüpfte – Familie liegen, damit diese Beiträge zur gesellschaftlichen Stabilisierung leisten kann.

3.2. Feiertagsschutz

3.2.1. Die verfassungsrechtliche Bedeutung der Sonn- und Feiertage

Die Sonn- und Feiertage sind ein weiteres Beispiel für die verfassungsrechtliche Normierung von in hohem Maße kulturell geprägten Institutionen. Über Artikel 140 GG, der mit „Recht der Religionsgesellschaften" betitelt

---

398 Ipsen, HStR VII, § 154, Rn. 21.
399 Vgl. Ipsen, HStR VII, § 154, Rn. 22.
400 S. mit weiteren Nachweisen zum Abstandsgebot bzw. Nivellierungsverbot Uhle, Kulturelle Identität, S. 258 f.
401 Vgl. BVerfGE 105, 313 (348) – Lebenspartnerschaftsgesetz. So kann etwa die erbschaftsrechtliche Schlechterstellung eines eingetragenen Lebenspartners gegenüber Ehegatten nicht durch einen bloßen Verweis auf die Schutzpflicht des Artikels 6 Abs. 1 GG gerechtfertigt werden. Allein der Gleichheitssatz aus Artikel 3 Abs. 1 GG entscheidet, ob und inwieweit eingetragenen Lebenspartnern ein Anspruch auf Gleichbehandlung mit Ehegatten zusteht. In BVerfG, 1 BvR 611/07 vom 21.7.2010 – Ungleichbehandlung Ehe und eingetragene Lebenspartnerschaft, wurde ein solcher Anspruch bejaht.

ist, wurden die sogenannten Kirchenartikel der Weimarer Reichsverfassung Bestandteil des Grundgesetzes.

Der Parlamentarische Rat war zu einer Einigung über das Verhältnis von Kirche und Staat nicht mehr in der Lage gewesen, so dass als Kompromiss auf die Weimarer Reichsverfassung zurückgegriffen wurde.[402] So ist auch Artikel 139 der Weimarer Reichsverfassung (WRV) Bestandteil des Grundgesetzes geworden. Danach bleiben der Sonntag und die staatlich anerkannten Feiertage *„als Tage der Arbeitsruhe und der seelischen Erhebung gesetzlich geschützt"*. Bei dieser Vorschrift handelt es sich auch um eine Institutionsgarantie. Das bedeutet, dass ein Kernbestand an Sonn- und Feiertagen unantastbar ist.[403]

Im verfassungsrechtlich geschützten Sonntag fließen religiöse Traditionen ein, ihm kommt auch eine spezifische gesellschaftliche Bedeutung zu. Im ursprünglichen Sinngehalt dient der Sonntag der Religionsausübung.[404] Der Gedanke der Synchronisierung des gesellschaftlichen Lebens hat sich jedoch weitgehend säkularisiert und stellt die Ziele der (auch gemeinsamen) Regeneration, Erholung und Zerstreuung in den Vordergrund.[405] Zum gesellschaftlichen Wandel gehört auch ein verändertes Konsum- und Freizeitverhalten. Dies hat dazu geführt, dass verkaufsoffene Sonntage in Großstädten zu umsatzstarken „Events" geworden sind und das Interesse, den Tag für den Einkauf zu nutzen, das hergebrachte Verständnis von Feiertagen als Ruhepole im Kalender zu weiten Teilen überdeckt.

Nach der Föderalismusreform I (2006) wurde dem Landesgesetzgeber die Möglichkeit eingeräumt, die Ladenschlusszeiten zu normieren. Dabei steht ihm ein Spielraum zu, in Ausnahmefällen an den Sonntagen Ladenöffnungen zuzulassen. Die ergangenen landesrechtlichen Regelungen sehen grundsätzlich keine Ladenöffnung für Sonn- und Feiertage vor, haben jedoch in den meisten Fällen Ausnahmeregelungen geschaffen für die Freigabe einer begrenzten Anzahl von Sonntagen.[406]

3.2.2. Berliner Fall

Mit der Frage des Umfangs der Umwidmung von Sonntagen in verkaufsoffene Tage war das Bundesverfassungsgericht im Jahre 2009 befasst. In Berlin eröffnete der Gesetzgeber durch das Berliner Ladenöffnungsgesetz[407] die

---

402 Bergmann, in: Hömig, Art. 140, Rn. 1.
403 Kellermann, Kurzanalyse 1/2008, S. 1 ff.
404 Zur Ideengeschichte des Sonn- und Feiertagsschutzes Uhle, Kulturelle Identität, S. 296 ff.; s. dazu auch Bergmann, in: Hömig, Art. 140, Rn. 24.
405 Bergmann, in: Hömig, Art. 140 Rn. 25.
406 Maximal sechs (in Brandenburg), BVerfG, 1 BvR 2857/07 vom 1.12.2009, Absatz-Nr. 5 – Ladenöffnungsgesetz
407 Berliner Ladenöffnungsgesetz vom 14. November 2006.

Möglichkeit für den Einzelhandel, an allen vier verkaufsoffenen Sonntagen von 13 bis 20 Uhr die Läden zu öffnen und dies ohne Erfüllung besonders Voraussetzungen.[408] Dagegen erhoben die beiden großen Kirchen in Deutschland Klage vor dem Bundesverfassungsgericht. Anknüpfungspunkt waren insbesondere die Verfassungsvorschriften des Artikel 4 GG (Glaubens- und Gewissensfreiheit) und Artikel 140 GG in Verbindung mit Artikel 139 WRV. Die Kirchen argumentierten, dass sie in ihrer Freiheit der Religionsausübung gemäß Artikel 4 Abs. 1 und 2 GG[409] beeinträchtigt seien. In seinem Urteil von Dezember 2009 ließ das Bundesverfassungsgericht die verfassungsrechtliche Bedeutung des Sonntags aus ihrem Schattendasein heraustreten.

Das Bundesverfassungsgericht sah durch die Berliner Regelung das Mindestniveau des Sonntagsschutzes als überschritten an. Zur grundrechtlichen Religionsfreiheit gemäß Artikel 4 GG führte es aus, dass diese nicht nur die Funktion eines Abwehrrechts habe, sondern *„auch im positiven Sinn, Raum für die aktive Betätigung der Glaubensüberzeugung und die Verwirklichung der autonomen Persönlichkeit auf weltanschaulich-religiösem Gebiet"* sichere. Zwar ließen sich aus Artikel 4 Abs. 1 und 2 GG keine staatlichen Verpflichtungen herleiten, die religiös-christlichen Feiertage und den Sonntag unter den Schutz einer generellen Arbeitsruhe zu stellen; Artikel 139 WRV wirke sich jedoch als Wertentscheidung der Verfassung auf die Auslegung von Artikel 4 GG aus und gewähre ein Mindestschutzniveau.[410]

Der Schutz durch Artikel 139 WRV betrifft jedoch nicht nur die religiöse Dimension des Sonntags. Der christliche Gehalt des Sonn- und Feiertagsschutzes geht laut Gericht einher *„mit einer dezidiert sozialen, weltlich-neutral ausgerichteten Zwecksetzung"*.[411] Dadurch, dass Arbeitsruhe gewährt wird, werden Grundlagen für Rekreationsmöglichkeiten und zugleich für soziales Zusammenleben geschaffen, wobei die Synchronisierung des Lebens eine zentrale Rolle spielt. Dies diene der Wahrnehmung von anderen Grundrechten als aus Artikel 4 GG, nämlich dem Schutz der Ehe und Familie aus Artikel 6 Abs. 1 GG und der Erhaltung der Gesundheit aus Artikel 2 Abs. 2 GG.

---

408 Vier weitere Sonn- und Feiertage pro Jahr konnten danach, bei gegebenem öffentlichen Interesse, durch Allgemeinverfügung von der Senatsverwaltung freigegeben werden, s. BVerfG, 1 BvR 2857/07 vom 1.12.2009, Absatz-Nr. 6 f. – Ladenöffnungsgesetz.

409 Artikel 4 Abs. 1 und 2 GG lauten:
(1) Die Freiheit des Glaubens, des Gewissens und die Freiheit des religiösen und weltanschaulichen Bekenntnisses sind unverletzlich.
(2) Die ungestörte Religionsausübung wird gewährleistet.

410 BVerfG, 1 BvR 2857/07 vom 1.12.2009, Absatz-Nr. 134 ff. – Ladenöffnungsgesetz.

411 BVerfG, 1 BvR 2857/07 vom 1.12.2009, Absatz-Nr. 141 – Ladenöffnungsgesetz.

Mithin verknüpfe Artikel 139 GG verschiedene Grundrechtsgarantien miteinander.[412] Im Grundsatz ruhe die „werktägliche Geschäftigkeit" an besagten Tagen, jedoch seien auch Ausnahmen möglich.[413] Dazu müsse jedoch ein Sachgrund vorliegen, der es rechtfertigt, vom Schutz der Sonn- und Feiertagsruhe abweichen zu können. So wird zum Beispiel Restaurants und Kiosken die Öffnung am Wochenende zugestanden, da sie andere bei der Ausübung der Erholungs- und Erbauungsfunktion unterstützen. Ein „bloß wirtschaftliches Umsatzinteresse der Verkaufsstelleninhaber und ein alltägliches Erwerbsinteresse (‚Shopping-Interesse') potenzieller Käufer genügen grundsätzlich nicht"[414] für eine gerechtfertigte Ausnahme.

Das Bundesverfassungsgericht sah bei den vier Adventssonntags-Öffnungen in Berlin keinen entsprechenden Sachgrund vorliegen. Die großflächige Ladenöffnung am Sonntag strahle „eine für jedermann wahrnehmbare Geschäftigkeits- und Betriebsamkeitswirkung" aus, die man nur an Werktagen erlebe.[415] Man könne sich der Werktagsatmosphäre selbst dann nicht entziehen, wenn man seiner religiösen Sonntagsbetätigung oder der weltlichen seelischen Erbauung nachgeht.[416] Auch die Metropolfunktion Berlins biete keine Grundlage, da sich darin lediglich Umsatz- und Erwerbsinteressen widerspiegeln.[417] Bei den eingesetzten Verkaufskräften, insbesondere Frauen, sei zudem das Familieleben betroffen.[418] Da die Öffnung an allen vier Adventsonntagen einen geschlossenen Zeitblock von cirka einem Zwölftel des Jahres[419] umfasst und kein rechtfertigender Sachgrund vorlag, sah das Gericht das Mindestschutzniveaus als unterschritten an und erklärte die Sonntagsregelung für verfassungswidrig.

3.2.3. Fazit

Das Bundesverfassungsgericht hat auf die Aufwertung der Konsummöglichkeiten gegenüber hergebrachtem Wochenendempfinden durch ein „Grundrecht auf Achtung der Sonntagsruhe"[420] reagiert. Hier knüpft es an Kulturausprägungen[421] an, die verfassungsrechtlich zuvor nur eine kleine

---

412 BVerfG, 1 BvR 2857/07 vom 1.12.2009, Absatz-Nr. 139 ff. – Ladenöffnungsgesetz.
413 BVerfG, 1 BvR 2857/07 vom 1.12.2009, Absatz-Nr. 152 – Ladenöffnungsgesetz.
414 BVerfG, 1 BvR 2857/07 vom 1.12.2009, Absatz-Nr. 157 – Ladenöffnungsgesetz.
415 BVerfG, 1 BvR 2857/07 vom 1.12.2009, Absatz-Nr. 165 – Ladenöffnungsgesetz.
416 BVerfG, 1 BvR 2857/07 vom 1.12.2009, Absatz-Nr. 165 – Ladenöffnungsgesetz.
417 BVerfG, 1 BvR 2857/07 vom 1.12.2009, Absatz-Nr. 175 – Ladenöffnungsgesetz.
418 BVerfG, 1 BvR 2857/07 vom 1.12.2009, Absatz-Nr. 168 – Ladenöffnungsgesetz.
419 S. BVerfG, 1 BvR 2857/07 vom 1.12.2009, Absatz-Nr. 175 – Ladenöffnungsgesetz.
420 Prantl, Kommentar Ladenschluss.
421 Zum Theoriekonzept der kulturellen Identität Uhle, Kulturelle Identität, S. 292 ff.

Rolle gespielt haben. Aber gerade daher ist der Sonntagsschutz ein besonders plastisches Beispiel für die normative Kraft der Verfassung als Grenze für gegenläufige Tendenzen der Pluralisierung, hier in der *„Kommerzialisierung des Sonntags"*[422], der Einhalt geboten wird. Anders als bei der Ehe, bei der die Grenzziehungen und Abstandsmessungen jeweils am Einzelfall festzumachen sind, ist beim Sonntagsschutz das Mindestschutzniveau relativ klar zu quantifizieren. Das Urteil ist ein Beispiel, dass die Verfassung kulturelle Mindeststandards enthält, die *„ausufernde Maßnahmen"*[423] einebnen können.

4. Zusammenfassung

Demokratische Systeme leben vom Streit über politische Entscheidungen. In einer pluralistischen Gesellschaft treffen diese Entwicklungen auf verschiedene Normsysteme. Ohne Grundkonsens fehlt der Politik jedoch die Legitimierungsbasis.[424] Die Verfassung der Bundesrepublik als Grundkonsens ist geprägt durch die Erlebnisse des Dritten Reiches. Nunmehr steht der Grundkonsens angesichts des globalisierten Wandels in Technik und Gesellschaft vor neuen, weitgehend offenen Herausforderungen.[425]

Das Grundgesetz zeichnet sich dadurch aus, dass sich die Mütter und Väter des Grundgesetzes *„auf das buchstäblich ‚Wesentliche' einer Verfassung"* beschränkt haben und sich zur prinzipiellen Offenheit und Allgemeinheit bekennen.[426] Gerade der angesprochene Wandel zeigt jedoch, dass das „Wesentliche" nicht immer selbstverständlich greifbar ist. Es besteht aufgrund des gesteigerten Komplexitätsgrads der Problemstellungen eine Herausforderung, die betroffenen Werte im Einzelfall zu identifizieren und zu spezifizieren. Grundlagen der Staatstheorie finden sich etwa wie beim Thema Freiheit und Sicherheit in technischen Details wieder.

Der Verfassung kommt aufgrund der Verbindlichkeit und der gewollten Begrenztheit ihrer Regelungen eine besondere Rolle zu. An dem paradigmatischen Beispiel Freiheit und Sicherheit zeigt sich, wie die Verfassungsinterpretation einen feingewebten normativen Teppich ausrollt, der die Grundlagen Menschenwürde, Freiheit sowie die Sicherheitsaufgabe des Staates abdeckt. Gerade hier entfaltet die Verfassung ihre Integrationsfunk-

---

422 Prantl, Kommentar Ladenschluss.
423 Prantl, Kommentar Ladenschluss.
424 Neidhardt, in: Schuppert/Bumke, S. 15 (20).
425 S. auch Neidhardt, in: Schuppert/Bumke, S. 15 (21).
426 Scholz, in: Koll. Lerche, S. 9 (10 und 15).

tion, zumal sie in einer komplizierten Situation verschiedene Wertungen und Interessen ausbalanciert. Die Verfassungsinterpretation legt auch die kulturell geprägten Wertungen des Grundgesetzes offen. So formulieren die verfassungsrechtlichen Institutionen Ehe und Familie einen Kernbestand, dessen Ränder im Vergleich zu traditionellen Ehe- und Familienbildern abgeschmolzen sind. Die Steuerungskraft und Ausstrahlung der Verfassung hat diesbezüglich an Intensität verloren. Die institutionelle Stabilität ist jedoch mindest insoweit anzunehmen, als sich Veränderungen noch nicht in dem Maße rechtlich niedergeschlagen haben, dass das Ehe- und Familiengrundrecht dadurch ins Leere laufen würde. Bei der Frage des Feiertagsschutzes ist es dagegen möglich, auch gegenüber bestimmten Interessen – wie sie etwa im gewandelten Freizeitverhalten und in der Kommerzialisierung ihren Ausdruck finden – Grenzen zu setzen und die normative Kraft der Verfassung zu entfalten.

Bei dem Thema Menschenwürde und Biotechnologie steht die Verfassungsinterpretation vor dem Problem, dass festverwurzelte Werthaltungen über Würde und Leben direkt angesprochen sind. Das Argumentationsreservoir ist mittlerweile reichhaltig, allerdings mit der Konsequenz, dass Verunsicherungen hinsichtlich des obersten Verfassungswertes Menschenwürde eintreten. Diese „offenen Flanken"[427] belegen die Integrationsherausforderung für Politik und Gesellschaft angesichts des Umgangs mit neuen Technologien.

Alle Beispiele zeigen, dass es angesichts des Wandels in Technik und Gesellschaft darum geht, den ethisch-sittlichen Gehalt der Rechtsordnung zu konkretisieren und gegebenenfalls zu aktualisieren.[428] Diesen Herausforderungen kann sich die Rechtsordnung nicht entziehen, indem sie einen „rechtsfreien Raum" anerkennt und sich „der Wertung enthält und diese der eigenverantwortlichen Entscheidung des Einzelnen überlässt".[429] Dabei ist zu berücksichtigen, dass der Schutz insbesondere der Grundrechte zunehmend über Gefährdungen durch staatliches Handeln hinausgeht. Wie im Datenschutz oder bei Kommerzialisierungstendenzen in eigens geschützten Bereichen zu sehen, betrifft er auch nichtstaatliche gesellschaftliche Mächte.[430]

---

427 Oberreuter, Kanzelrede, S. 7.
428 S. zum Verhältnis von Ethik und Recht Böckenförde, Staatliches Recht, S. 208 (214 ff.).
429 S. BVerfGE 39,1 (44) – Schwangerschaftsabbruch I; dazu Benda, HVerfR I, Rn. 54.
430 S. zum Problem der Datenerfassung durch Unternehmen Prantl, Google Street View; zum Problem Kommerzialisierung Grimm, Grundrechtliche Freiheit, S. 91 (104) und Grimm, Verfassungspatriotismus, S. 107 (115).

Für die Politik entsteht dabei angesichts der Komplexität der Entwicklungen ein Orientierungsproblem, wenn sie angesichts der Vielfalt der Wertungen die Grundfrage „*Was ist gut für ein geglücktes menschliches Leben?*"[431] beantworten soll. Die Verfassung entfaltet auf verschiedene Weise und Intensität normative Kraft und fungiert als Integrationsmedium. Gesellschaftlich reicht der Verweis auf sie jedoch nicht aus. Angesichts dieser Komplexität ist es, wie bei der Technik zu sehen, nicht überraschend, dass neben dem Recht verschiedene andere Regulierungsweisen entstanden sind, die den technischen Fortschritt begleiten. Es ist bereits von einer „*Wiederkehr des Normativen*"[432] die Rede. Dazu gehören die Religionen, ethische Normen[433] und auch technische Normen[434]. Ein Mittel, zu einer Systematisierung dieses normativen Fundus zu gelangen, ist die politische Bildung.

---

431 Vgl. Oberreuter, Die Pol. Meinung 2007, S. 13.
432 Ebenda.
433 Zum Beispiel die Schaffung einer entsprechenden Datenschutzkultur Petri, DuD 1/2010, S. 25 (29).
434 Vgl. dazu Federrath, Vortrag Vertrauen.

III. Beiträge der Politischen Bildung

A. Das Verfassungsrecht in der politischen Bildung

Zu den Aufgaben der politischen Bildung gehört die Vermittlung der Wertgebundenheit der politischen Ordnung. Zentrale Bestandteile davon machen das Verfassungs- und Staatsrecht aus. Die Verfassung, die einen Konsens über die grundlegenden Normen herstellen will, ist wie jedes Recht auf Akzeptanz angewiesen. Sie trifft dabei dezidierte Wertentscheidungen, was sich insbesondere in den Prinzipien der Artikel 1 und 20 GG zeigt.[435] Der Grundlagencharakter dieser Normentscheidungen führt zu dem Erfordernis, dass diese Werte als Leitbild vermittelt werden und bei der alltäglichen Diskussion über die Rechtssetzung nicht in den Hintergrund rücken. Diese auch verfassungsprophylaktische Aufgabe der politischen Bildung zeigt sich zum Beispiel in den Vorschriften über staatsbürgerliche Bildung in der Weimarer Reichsverfassung („staatsbürgerliche Gesinnung" in Artikel 148 Abs. 1 WRV) und entsprechenden Vorschriften in einigen Landesverfassungen.[436] Allgemein hat die Vermittlung rechtlicher Grundlagen der Politik einen spezifischen Ausschnitt der politischen Wirklichkeit im Blick. Die (verfassungs-) rechtlichen Rahmenbedingungen und rechtspolitischen Gegebenheiten politischen Handelns sind grundlegend und prägend für den politischen Prozess. Dies bedeutet jedoch nicht, dass politische Bildung mit der Vermittlung der rechtlichen Grundlagen erschöpfend behandelt ist. Diese sind jedoch ihr zentraler Bestandteil, gerade wenn es darum geht, normative Besonderheiten zu behandeln.

---

435 Zur damit zusammenhängenden Integrationsaufgabe politischer Bildung Rothenpieler, in: FS Wassermann, S. 511 (514).
436 Vgl. Kühne, RdJB 1994, S. 39 ff.

1. Beiträge politischer Bildung zur Stabilisierung des Wandels

Die Verfassung determiniert nicht politische Einzelentscheidungen, sondern eröffnet Rahmen und Spielräume, in denen sich der politische Prozess abspielt. Hinsichtlich der daraus resultierenden Dynamik des Rechts[437] bietet die politische Bildung ein Forum, das Spannungsfeld zwischen grundlegenden Wertentscheidungen und zeitgenössischen Erfordernissen der Rechtspolitik zu zeigen.[438] Somit geht es um den schwierigen und immer zu erneuernden Brückenschlag von rechts- und staatstheoretischen Grundlagen zu den praktischen Problemen,[439] zu deren Lösung politische Bildung motivieren und befähigen soll. Daher sind auch Politiker als Zielgruppe anzusprechen.

Wie gesehen kommt den Grundrechten als subjektiven Abwehrrechten gegen den Staat und als objektiven Prinzipien der Gesellschaftsordnung eine hervorgehobene Rolle im politischen System zu. Sie müssen dynamisch verstanden werden, um vor dem Hintergrund von Entwicklungen, die bei Verabschiedung des Grundgesetzes noch nicht absehbar waren, wie etwa Gentechnik und Informationstechnologien, hinreichenden Schutz für die Bürger zu gewährleisten[440] Der Verfassungsrechtler *Dieter Grimm* diagnostizierte vor nicht allzu langer Zeit eine *„wachsende Grundrechtsunlust in Deutschland"*[441]. Diese äußere sich darin, dass *„übersteigerter Individualismus, verfallender Gemeinsinn"* die Öffentlichkeit stärker bewegen würden als *„der Grad an Offenheit der Gesellschaft und die Freiheitlichkeit ihrer Subsysteme"*.[442] Dieser Befund unterstreicht eine Kernaufgabe der politischen Bildung, nämlich die Grundrechte vor dem Hintergrund aktueller Politik und gesellschaftlicher Wandlungen zu problematisieren.

---

437 Dazu Oberreuter, in: Sander, S. 326 (330).
438 Oder soll sich, wie sich Sutor mit Blick auf die Vermittlung von Rechtspolitik ausdrückt, *„zwischen den Polen der objektiven Rechtsordnung…und dem Rechtspragmatismus…vorantasten"*, Sutor, Didaktik, zit. nach Sandmann, S. 146. Ein Beispiel für einen solchen, wenn auch stärker fachbezogenen Rahmen, bieten die Juristischen Studiengesellschaft, dazu Kellermann, Studiengesellschaften.
439 S. als Anschauung für die politische Bildung Schneider, in: Grimm, S. 1 (2).
440 Vgl. Grimm, in: Grimm, S. 45 und Grimm, Grundrechtliche Freiheit, S. 91 (99).
441 Grimm, Grundrechtliche Freiheit, S. 91 (100).
442 Grimm, Grundrechtliche Freiheit, S. 91 (100 f.).

2. Interdisziplinäre Vermittlung des Verfassungsrechts

Die Verfassungen besitzen eine spezifische Stellung im Rechtsleben, die insbesondere in Deutschland durch den besonderen normativen Charakter des Grundgesetzes geprägt ist. Verfassungen entfalten als positives Recht verbindliche, staatlich durchsetzbare Wirkungen. Wie anderes Recht enthalten sie Gebote und Verbote und legen für den Staat und für den Staatsbürger konkrete Rechte und Pflichten fest. Hinsichtlich der Normativität von Verfassungen in freiheitlich-demokratischen Rechtsstaaten sind also Besonderheiten vorhanden, die für die politische Bildung von Belang sind und einen (schlichten) formaljuristischen Zugang zu den entsprechenden Rechtsnormen verbieten.[443] Die Diskussion über den in der rechtlichen Grundordnung normierten Grundkonsens erhält nur durch die Einbeziehung der anderen normativen Ressourcen die Möglichkeit, zur politischen Kultur beizutragen und die Komplexität des gesellschaftlichen und technischen Wandels zu bewältigen. Aufgrund seines durch Geschichte und Staatsdenken geprägten Charakters ist das Verfassungsrecht eine Rechtsmaterie, für die im Rahmen politischer Bildung Formen der Interdisziplinarität unabdingbar sind. Spricht man von Verfassung, handelt es sich in der Regel bereits um verbindliches, durchsetzbares Recht. Die Grundlagenfunktion der Verfassung lässt sich jedoch nicht erfassen ohne die zugrundeliegenden ethischen, historischen und kulturellen Prägungen. Hinter den Verfassungsnormen stehen politische Kämpfe, philosophische Traditionen und Schwerpunktsetzungen bestimmter politisch-sozialer Kulturen, ohne deren Kenntnis, noch stärker als bei anderen Rechtsmaterien, kein Zugang zur heutigen Verfassungssituation erlangt werden kann.

3. Problem des Expertenrechts

Bei der Befassung mit Verfassungsrecht und seiner Interpretation sowie den rechtspolitischen Folgerungen sind jedoch auch besondere Schwierigkeiten zu berücksichtigen, die sich allgemein bei der Vermittlung von Recht an Nichtjuristen stellen. Die Bürgerferne des Rechts, das nur für den Experten verständliche Recht und ein daraus resultierendes chronisches Defizit an Rechtsverständnis des Volkes gehören zu den Standardklagen in Zusammenhang mit der Vermittlung von Rechtskenntnissen an Nichtjuristen. Es

---

443 Zur Problematik der Anwendung eines formalisierten Verfassungsbegriffs in diesem Zusammenhang Oberreuter, in: Rothenpieler/Stockinger, S. 308 (311).

gibt viele Gründe für die Unausweichlichkeit dieses Zustands. Dazu gehört beispielsweise die Rezeption des hochabstrakten römischen Rechts[444] und die damit zusammenhängende Professionalisierung des Juristenstandes sowie die hochgradige Spezialisierung, die sich allein an der großen Zahl der juristischen Lehrstühle aufzeigen lässt. Defizite in der Rechtskenntnis sind diesbezüglich nur zu verständlich und in gewissem Sinne auch gerechtfertigt. Idealtypisch stehen mit den Juristen entsprechende Experten zur Verfügung, die das Recht gemäß dem Willen des Gesetzgebers anwenden, insbesondere über die Rechtsprechung gewandelten Zeitbedingungen anpassen und über juristische Medien, wie zum Beispiel den Deutschen Juristentag, auf Defizite gesetzgeberischen Handelns hinweisen.

Hinsichtlich der politischen Funktionen, die das Recht zu erfüllen hat,[445] kann es jedoch nicht bei einer solchen Delegation an Fachleute bleiben. Dafür spricht in erster Linie, dass es sich bei der Verfassung als der rechtlichen Grundordnung des politischen Gemeinwesens um ein Rechtsdokument handelt, welches nicht nur eine zentrale Rolle für die staatliche Ordnung spielt, sondern auch in den Alltag hineinwirkt. Hinzu kommt, dass ein wichtiger Aspekt der politischen Gestaltung darin liegt, die Ergebnisse der politischen Auseinandersetzungen und Diskussionen in neues Recht münden zu lassen. Zu den für die politische Bildung bedeutsamen Grundlagenfragen ist damit auch die Rechtspolitik zu zählen, die sich mit der Zielrichtung für die Weiterentwicklung des Rechts durch die Politik befasst.[446]

4. Teilnehmerbezogene Komponenten politischer Bildung

Für die politische Bildung liegt mit Blick auf die wandelstabilisierende Funktion des Verfassungsrechts eine wesentliche Aufgabe darin, die grundlegenden Inhalte und Zusammenhänge der Verfassung zu vermitteln und im Bewusstsein zu halten. Dazu gehört als rezeptive Komponente die Behandlung maßgeblicher Artikel der Verfassung und ihrer zugrundeliegenden Prinzipien und die dadurch erfolgende Eröffnung und Begrenzung politischer Handlungsspielräume sowie Ausstrahlung auf das Geschehen im Staat. Dazu gehört auch die Verdeutlichung der durch die Verfassung

---

444 Vgl. Nocke, in: Bryde/Hoffmann-Riem, S. 81 ff.; Rothenpieler, in: FS Wassermann, S. 511.

445 Dazu zum Beispiel Braun, Rechtswissenschaft, S. 84 ff.; Grimm, Politik und Recht, S. 13 ff.

446 Vgl. Creifelds/Weber, Rechtswörterbuch, Artikel Rechtsdogmatik, S. 937 f.

vermittelten und abgesicherten „persönlichen Lebenschancen"[447]. Dazu treten als aktivierende Komponente die „affektive Dimension der inneren Bindung"[448] zur Verfassung und die Motivation zur Mitgestaltung des politischen Gemeinwesens in Kenntnis und im Rahmen der durch die Verfassung eröffneten Möglichkeiten. Die Verfassung sieht den Bürger als Teilnehmer eines politischen Gemeinwesens, das er als aktiver Staatsbürger mitgestaltet. Diese Teilnahme setzt Kenntnisse über Gestaltungsspielräume und Grenzen sowie Kritikfähigkeit voraus. Politische Bildung dient daher auch dazu zu erkennen, wo Verfassungspraxis und Verfassungsrecht auseinanderfallen und welche Aufgaben sich einer gestaltenden und korrigierenden Verfassungspolitik stellen.

B. Tagungsbeispiele

Die rechtlichen Grundlagen der Politik sind nicht nur eine Standardaufgabe für die politischen Bildung, sondern auch Spiegel und Ansatzpunkt für die Koordination einer Gesellschaft, die sich in einem rasanten Wandel befindet. Zu dessen Gestaltung ist ein hohes Maß an Orientierungswissen notwendig. Dafür müssen jedoch spezifische Bildungsprozesse in Gang gesetzt werden, die den vielfältigen Dimensionen der Probleme gerecht werden. Dazu seien einige Tagungsprojekte an der Akademie für Politische Bildung Tutzing genannt, die versuchten, diesen Anforderungen gerecht zu werden.

Dem oben behandelten Themenkomplex Menschenwürde und neue Wissenschaften lassen sich unter anderem folgende Projekte zuordnen:[449]

„Die Menschenwürde – Theoretische Grundlagen, praktische Probleme" (25. bis 27. September 2009): Hier wurden geistesgeschichtliche Zusammenhänge vorgestellt und analysiert, die für den Begriff der Menschenwürde grundlegend sind. Auch wurde auf ausgewählte Problemfelder hingewiesen, in denen sich die Menschenwürdeproblematik stellt (zum Beispiel Menschenhandel).

---

447 Schneider, in: Grimm, S. 1.
448 So, mit Blick auf das Grundgesetz, insbesondere auf Artikel 1 und Artikel 20 GG Rothenpieler, in: FS Wassermann, S. 511 (515); zur Identifikation mit dem politischen System als akzeptablem Ansatz der Rechtserziehung bei freiheitlich-demokratischer Grundordnung Oberreuter, in: Rothenpieler/Stockinger, S. 308 (332).
449 Die Programme der im Folgenden genannten Tagungen befinden sich im Anhang in chronologischer Reihenfolge.

„Ethische Kontroversen – Politisches Handeln" (8. bis 9. Dezember 2008) sowie *„Die politische Gestaltung der Wissensgesellschaft"* (15. bis 17. Mai 2009): Ziel der Projekte war es, einen Beitrag zur Lösung der Probleme zu leisten, die sich hinsichtlich des politischen Umgangs mit dem Wissenschafts- und Technologiefortschritt stellen. Dabei wurde auf die interdisziplinären Schnittstellen zwischen Wissenschaft, Politik und Recht sowie Bildung hingewiesen. Es wurde gefragt, wie sich angesichts der rasanten technologischen Entwicklung angemessene Formen der rechtlichen und politischen Steuerung finden lassen und wie deren Verhältnis gegenüber außerrechtlichen Regulierungsformen, wie Moral, technischen Normen und Selbstregulierung zu beschreiben ist. Außerdem wurde diskutiert, wie die Politik trotz ethischer Kontroversen mit allgemeinverbindlichen Entscheidungen ihre integrative Funktion aufrechterhalten kann. Es wurde Wert darauf gelegt, dass die Referenten Theorie und Praxis verschiedener Wissensgebiete repräsentieren, wie Politik, Recht, Philosophie, Theologie, Naturwissenschaft, Technikfolgenabschätzung, Medizin, Verbands- und Verwaltungstätigkeit.

Der Themenkomplex Freiheit und Sicherheit widmete sich verschiedenen politischen und rechtlichen Aspekte dieser für den Staat grundlegenden Legitimitätsfrage. Diesem Ansatz waren unter anderem folgende Projekte verschrieben:

„Freiheit und Sicherheit – Verfassungspolitische Dimensionen" (30. Mai bis 1. Juni 2008) sowie *„Angst Kontrolle Vertrauen – Datenschutz und Gesellschaft"* (9. bis 11. Juli 2010): Hier wurde das Ziel verfolgt, verschiedene politische Maßnahmen, die aktuelle Verfassungsrechtsprechung auf dem Gebiet der inneren Sicherheit und die Entwicklungen im Datenschutz analytisch zu begleiten. Es wurden grundlegende Ansätze der Rechtsprechung und der Rechtspolitik unter Berücksichtigung der Staatstheorie vertieft und bestimmte Einzelprobleme der Sicherheitspolitik exemplarisch diskutiert. Auch hier wurde in personeller Hinsicht versucht, verschiedene Perspektiven einzubeziehen, wobei sich ein gewisser Schwerpunkt aus Politik und Recht ergab.

Das Thema Kultur findet sich punktuell in den genannten Tagungen wieder. In den Fokus rückte es insbesondere bei der Veranstaltung *„Verkaufte Freiheit? – Gratwanderungen zwischen Kommerzialisierung und Autonomie"* (27. Februar bis 1. März 2009). In diesem Rahmen ging es um die zunehmende Erfassung vormals autonomer Bereiche, wie Kunst, Wissenschaft und Medien durch das wirtschaftliche Effizienzdenken.

Die Problemstellungen der Verfassungsinterpretation allgemein auf dem Gebiet der Grundrechte wurden behandelt in dem Projekt: „*Die Grundrechte – Interpretationen im Wandel*" (20. bis 22. November 2009). Dabei wurden die geistesgeschichtlichen Wurzeln der Grundrechte analysiert und ihre Orientierungsfunktion für zukünftige politische Prozesse herausgestellt. Vertreter aus Theologie, Politikwissenschaft, Recht, Politik und Rechtsprechung lieferten aus ihren Arbeitsbereichen die Grundlage für die Diskussionen anlässlich des sechzigjährigen Jubiläums des Grundgesetzes.

Die politische Bildung bietet einen Rahmen, der gegenüber anderen Bildungsmedien den Vorzug ausspielen kann, die verfassungsrechtlichen, politisch-historischen, ethischen und ökonomisch-sozialwissenschaftlichen Zusammenhänge zu bündeln. Gerade ihre Orientierung an den Grundlegungen der Verfassung und ihrer Interpretation könnte im Bereich Biomedizin sowie Freiheit und Sicherheit sowie dem zeitgemäßen Umgang mit kulturellen Institutionen dazu beitragen, Mindeststandards, soweit es nötig ist, zu vergegenwärtigen. Darüber hinaus kann sie eine Basis schaffen, die Konsequenzen neuer Technologien und gesellschaftlicher Entwicklungen im Voraus systematisch zu diskutieren und dabei die normativen Grundlagen zu berücksichtigen. Ein weiterer Kernpunkt politischer Bildung ist die Transformation wissenschaftlichen Wissens in die nicht fachliche Öffentlichkeit, damit die Diskussion überhaupt sachgerecht geführt werden kann und die entsprechende Befähigung zur politischen Mitgestaltung besteht. Die interdisziplinär gestaltete politische Bildung über die rechtlichen Grundlagen der Politik kann so Beiträge dazu leisten, dass das moralische Experiment des pluralistischen Staates gelingt.

Anhang

Tagungsprogramme

Freiheit und Sicherheit –
Verfassungspolitische Dimensionen

EINLADUNG

Begründen Freiheit und Sicherheit tatsächlich ein Spannungsverhältnis? Beruht nicht auf beiden die Legitimität eines Staates? Ist nicht der Schutz seiner Bürger dessen erste Aufgabe? In vorliberaler und vordemokratischer Zeit ging die „alte Freiheit" im Schutz durch die Obrigkeit auf. Frei war, wer, sich unterordnend, Schutz genoss. Die Moderne sieht das anders. Vom Staat wird beides erwartet: die Gewährleistung persönlicher Entfaltungsfreiheit und die Garantie von Sicherheit. Sicherheitsvorkehrungen, die in grundrechtlich gesicherte Entfaltungsfreiheiten eingreifen, geraten in den Geruch der Freiheitswidrigkeit. Angesichts qualitativ neuer Bedrohungen und technischer Entwicklungen lässt sich eine Balance beider Werte nicht so leicht finden. Sie ist eine große politische und rechtliche Herausforderung, zumal die Verhältnismäßigkeit von Kontrollen und Eingriffen, die schützen sollen, wohl stets im Streit stehen muss. Selbstverständnis und Grundordnung des Gemeinwesens sind von dieser Problematik im Kern betroffen. Wir wollen versuchen, die faktischen, politischen und rechtlichen Perspektiven in ihrer Vielfalt und ihrer Differenziertheit zusammenzuführen und zu diskutieren – auf der Basis von Informationen und Überlegungen aus erster Hand.

Prof. Dr. Dr. h. c. Heinrich Oberreuter
Direktor der Akademie für Politische Bildung Tutzing

Dr. Gero Kellermann
Akademie für Politische Bildung Tutzing

ab 16.00 Uhr Anreise, Kaffee in der Halle

17.15 Uhr **Eröffnung – Begrüßung**
Prof. Dr. Dr. h. c. Heinrich Oberreuter
Direktor der Akademie für Politische Bildung Tutzing

Freiheit, Sicherheit und das Grundgesetz

17.30 Uhr **Das Spannungsverhältnis von Freiheit und Sicherheit aus verfassungsrechtlicher Sicht**
Präsident des Bundesverfassungsgerichts
Prof. Dr. Dres. h. c. Hans-Jürgen Papier

19.00 Uhr Abendessen

20.00 Uhr **Freiheit und Sicherheit in Deutschland und Europa**
Bundesminister des Innern Dr. Wolfgang Schäuble MdB
CDU

8.15 Uhr	Frühstück
9.00 Uhr	**Erosion der Grundrechte?**
	Fragen zur aktuellen Sicherheitspolitik
	RA Gerhart R. Baum
	Bundesminister a. D., FDP, Düsseldorf
	Prof. Dr. Otto Depenheuer
	Universität zu Köln
11.00 Uhr	**Prävention und Freiheit – verfassungspolitische Dimensionen**
	Prof. em. Dr. Dr. h. c. Erhard Denninger
	Johann Wolfgang Goethe-Universität Frankfurt am Main
	dazwischen Kaffee in der Halle
12.30 Uhr	Mittagessen
14.00 Uhr	**Vorratsdatenspeicherung, Online-Durchsuchung,**
	Bundeswehreinsatz im Innern –
	die Zukunft der inneren Sicherheit?
	Podiumsdiskussion:
	Peter Altmaier MdB
	Parlamentarischer Staatssekretär beim Bundesminister des Innern,
	CDU
	Jerzy Montag MdB
	Rechtspolitischer Sprecher der Bundestagsfraktion BÜNDNIS 90/
	DIE GRÜNEN
	Dr. Max Stadler MdB
	Stellv. Vorsitzender des Innenausschusses, FDP
	Dr. Dieter Wiefelspütz MdB
	Innenpolitischer Sprecher der SPD-Bundestagsraktion
	Moderation:
	Dr. Gero Kellermann
16.00 Uhr	Kaffee in der Halle
16.30 Uhr	**Verbesserter Rechtsschutz bei heimlichen Ermittlungsmaßnahmen**
	Prof. Dr. Hansjörg Geiger
	Staatssekretär a. D., ehem. Präsident des Verfassungsschutzes
	und des BND,
	Johann Wolfgang Goethe-Universität Frankfurt am Main
18.00 Uhr	Abendessen
	Kriminalitäts- und Terrorismusbekämpfung –
	zur Praxis der Gesetzgebung und des Gesetzesvollzugs
19.00 Uhr	**Innere Sicherheit aus Sicht der Bundesländer –**
	das Beispiel Bayern
	Bayerischer Staatsminister des Innern
	Joachim Herrmann MdL
	CSU

8.15 Uhr	Frühstück
9.00 Uhr	**Sicherheit in der Großstadt** Ltd. Kriminaldirektor Norbert Wagner Leiter der Direktion Kriminalität, Polizeipräsidium Köln
10.30 Uhr	Kaffee in der Halle
11.00 Uhr	**Strafverfolgung vor dem Hintergrund internationaler Bedrohungen** Bundesanwalt beim Bundesgerichtshof Rainer Griesbaum Ständiger Vertreter des Generalbundesanwalts, Abteilungsleiter „Terrorismus"
12.30 Uhr	Mittagessen, Ende der Tagung

Ethische Kontroversen – Politisches Handeln

EINLADUNG

Die Politik muss zunehmend politische Lösungen für Probleme finden, die in hohem Maße unterschiedliche ethische Grundüberzeugungen der Bürger betreffen. Ein brisantes Beispiel dafür ist der politische Umgang mit den Möglichkeiten neuer Technologien. So betrifft der wissenschaftliche Fortschritt mit seinen Erkenntnissen über genetische und neuronale Strukturen die menschliche Integrität und ist daher gesellschaftlich besonders sensibel. Angemessene Antworten scheinen nur durch ein reflektierendes Zusammenspiel von Ethik, Wissenschaft und Politik zu finden zu sein.

Zu dieser interdisziplinären Verknüpfung verschiedener Ansätze möchte die Tagung einen Beitrag leisten. Mit Vertretern aus Politik, Recht, Wissenschaft und Medien sollen entsprechende ethische Fragen und der politische Handlungsbedarf erörtert werden.

Zu unserer Diskussion möchten wir Sie herzlich nach Tutzing einladen.

Dr. Gero Kellermann
Akademie für Politische Bildung Tutzing

ab 13.00 Uhr Anreise, Kaffee in der Halle

14.45 Uhr **Begrüßung und Einführung**
Dr. Gero Kellermann
Akademie für Politische Bildung Tutzing

Ethik im politischen Tagesgeschäft

15.00 Uhr **Ethik und Politik: illustriert am Deutschen Ethikrat**
Hildegund Holzheid
Präsidentin des Bayerischen Verfassungsgerichtshofs und
des Oberlandesgerichts München a. D.,
Mitglied des Deutschen Ethikrats,
Stellv. Vorsitzende der Bioethik-Kommission Bayern

16.30 Uhr Pause

17.00 Uhr **Kirche und Politik – Sozialethische Überlegungen
zur Legitimationsproblematik**
Prof. Dr. Alois Baumgartner
Diözesanrat der Katholiken,
Erzdiözese München und Freising

18.30 Uhr Abendessen

8.15 h   Frühstück

Philosophie als Ratgeber der Politik?

9.00 h   **Expertisemöglichkeiten angewandter Ethik**
Prof. Dr. Walter Schweidler
Lehrstuhl für Philosophie unter besonderer Berücksichtigung
der Praktischen Philosophie, Ruhr-Universität Bochum

10.30 h   Pause

11.00 h   **Politisch brisant: Das Verhältnis von Natur- und
Geisteswissenschaften**
Dr. Alexander Kissler
Süddeutsche Zeitung, München
Redaktion Feuilleton

12.30 h   Mittagessen

Beispiele neuer ethischer Kontroversen

14.30 h   **Leben als Gegenstand der Politik? – Probleme und Perspektiven**
Dr. Konrad Schily, MdB (FDP)

16.00 h   Kaffee

16.30 h   **Lifestyle oder Gehirndoping?**
**Zum Umgang mit Medikamenten zur Steigerung
der geistigen Leistungsfähigkeit**
Davinia Talbot, M. A., Ärztin,
Institut für Ethik, Geschichte und Theorie der Medizin,
Universität Münster

18.30 h   Abendessen, Ende der Tagung

Verkaufte Freiheit? –
Gratwanderungen
zwischen Kommerzialisierung
und Autonomie

EINLADUNG

Das Verhältnis von Wirtschaft, Staat und Gesellschaft befindet sich zurzeit in einem atemberaubenden Wandlungsprozess. Auf der einen Seite droht der Wirtschaft ohne einschneidende staatliche Hilfsmaßnahmen der Boden unter den Füßen zu entgleiten, auf der anderen Seite werden viele vormals autonome gesellschaftliche Bereiche vom wirtschaftlichen Effizienzdenken erfasst und entscheidend beeinflusst. Grundlegend stellt sich die Frage nach der Zukunft der Sozialen Marktwirtschaft und ihrer Wirkung auf Felder wie Kunst, Wissenschaft und Medien.

Mit dieser Tagung wollen wir einen Beitrag zur Neujustierung der wechselseitigen Abhängigkeit zwischen Staat, Gesellschaft, Kommerzialisierung und Freiheit leisten – aus verschiedenen Perspektiven und mit Analysen aus erster Hand. Zur Diskussion darüber laden wir Sie herzlich nach Tutzing ein.

Prof. Dr. Dr. h. c. Heinrich Oberreuter
Direktor Akademie für Politische Bildung Tutzing

Dr. Gero Kellermann
Dr. Michael Schröder
Akademie für Politische Bildung Tutzing

Freitag, 27. Februar 2009

ab 15.00 Uhr Anreise, Kaffee im Foyer

16.45 Uhr **Eröffnung – Begrüßung**
Prof. Dr. Dr. h. c. Heinrich Oberreuter
Direktor der Akademie für Politische Bildung

Zum Verhältnis von Staat und Wirtschaft

17.00 Uhr **Neue Herausforderungen für Politik und Wirtschaft**
Martin Zeil MdL
Bayerischer Staatsminister für Wirtschaft, Infrastruktur,
Verkehr und Technologie

18.30 Uhr Abendessen

19.30 Uhr **Der Kommerz – Heiliges profan, Profanes heilig gelesen**
Pfr. Dr. phil. Jochen Wagner
Studienleiter (Theologie und Gesellschaft,
interreligiöser Dialog, Philosophie)
Evangelische Akademie Tutzing

8.15 Uhr	Frühstück

Kommerzialisierung und Kultur

9.00 Uhr	**Die Kunst in der Kulturindustrie** Dr. Cathrin Klingsöhr-Leroy Künstlerische Direktorin Franz Marc Museum, Kochel am See
10.30 Uhr	Pause
11.00 Uhr	**Kunstfreiheit und Kommerz** Klaus von Gaffron Vorstand des Landesverbands Bayern des Berufsverbands Bildender Künstler
12.30 Uhr	Mittagessen

Kommerzialisierung der Wissenschaft

15.00 Uhr	**Erkenntnis und Profit – Zu den Kooperationen von Wissenschaft und Wirtschaft** Dr. Enno Aufderheide Max-Planck-Gesellschaft, Leiter Abteilung Forschungspolitik/ Außenbeziehungen, München
16.30 Uhr	Kaffee

Kommerzialisierung der Medien

17.00 Uhr	**Fernsehprogramme im Wandel – 25 Jahre dualer Rundfunk** Prof. Dr. Walter Hömberg Lehrstuhl für Journalistik I, Katholische Universität Eichstätt-Ingolstadt
18.30 Uhr	Abendessen

8.15 Uhr	Frühstück
9.00 Uhr	**Kunst, Kommerz und Kommunalpolitik** Vorgeschichte und Entstehung des Buchheim-Museums in Bernried Dr. Michael Schröder Akademie für Politische Bildung Tutzing
9.30 Uhr	**Fahrt mit Privat-PKW nach Bernried**
10.00 Uhr	**Führung durch das Museum der Phantasie (Buchheim-Museum)** Eva-Maria Herbertz
11.30 Uhr	Ende der Tagung/Gelegenheit zur Gepäckabholung in der Akademie, individuelle Abreise

Die politische Gestaltung der Wissensgesellschaft

EINLADUNG

Das wissenschaftliche und technologische Wissen durchzieht mittlerweile alle Lebensbereiche: Technologieformen wie Handy und Internet haben einen prägenden Einfluss auf die moderne Lebensgestaltung gewonnen, hinsichtlich der Gesundheit wird weniger auf das Alltagswissen als auf Expertenrat verwiesen, Charaktereigenschaften und Verhaltensweisen werden durch genetische und neuronale Strukturen erklärt. Die gesteigerte Bedeutung des Wissens zeigt sich auch daran, dass viele gesellschaftliche Probleme erst durch die Wissenschaft aufgezeigt werden, wie etwa der Abbau der Ozonschicht. Andererseits erzeugen Wissenschaft und Technik selbst neue Problemstellungen, z.b. zu sehen bei den Risiken, die die Nanotechnologie mit sich bringt.

In der „Wissensgesellschaft" entstehen für die Politik neue spezifische Herausforderungen, denen sich die Tagung widmen will. Zu diesen Herausforderungen gehören insbesondere der Umgang mit der steigenden Komplexität der normativen Probleme durch den wissenschaftlichen Fortschritt, das dynamisierte Wechselspiel zwischen Wissenschaft, Politik und Gesellschaft sowie die wissenschaftspolitischen Weichenstellungen für eine international konkurrenzfähige Wissenschaft.

Zu unseren interdisziplinären Analysen aus erster Hand und zu den Diskussionen über die Wissensgesellschaft laden wir Sie herzlich nach Tutzing ein.

Prof. Dr. Dr. h. c. Heinrich Oberreuter
Direktor der Akademie für Politische Bildung Tutzing

Dr. Gero Kellermann
Akademie für Politische Bildung Tutzing

Freitag, 15. Mai 2009

ab 13.30 Uhr Anreise, Kaffee im Foyer

14.45 Uhr **Begrüßung – Einführung**
Dr. Gero Kellermann

Wissenschaftspolitische Herausforderungen

15.00 Uhr **Ethische Beratung in der Wissensgesellschaft**
Prof. Dr. Edzard Schmidt-Jortzig
Bundesminister a. D., Vorsitzender des Deutschen Ethikrates

16.30 Uhr Pause

17.00 Uhr **Der Dialog von Wissenschaft und Politik**
Prof. Dr. Peter Strohschneider
Vorsitzender des Wissenschaftsrates, Köln

18.30 Uhr Abendessen

8.15 Uhr   Frühstück

Wissenschaft und Gesellschaft

9.00 Uhr   **Die Rolle der Geisteswissenschaften in der Wissensgesellschaft**
            Prof. Dr. Dietmar Willoweit
            Präsident der Bayerischen Akademie der Wissenschaften, München
10.30 Uhr   Kaffeepause
11.00 Uhr   **Zur gesellschaftlichen Bedeutsamkeit der Wissenschaft**
            Prof. Dr. Peter Weingart
            Direktor des Instituts für Wissenschafts- und Technikforschung,
            Universität Bielefeld
12.30 Uhr   Mittagessen

Die Zukunft der Wissensgesellschaft und die Aufgaben der Politik

15.00 Uhr   **Technikfolgenabschätzung am Beispiel der Nanotechnologie**
            Prof. Dr. Armin Grunwald
            Leiter des Instituts für Technikfolgenabschätzung
            und Systemanalyse, Karlsruhe/Leiter des Büros für Technikfolgen-
            Abschätzung beim Deutschen Bundestag
16.30 Uhr   Kaffee
17.00 Uhr   **Bildungs- und Wissenschaftspolitik
            in der parlamentarischen Praxis**
            Stefan Müller MdB
            Bildungs- und forschungspolitischer Sprecher der
            CDU/CSU-Fraktion im Deutschen Bundestag
18.30 Uhr   Abendessen
20.00 Uhr   **Die Gestaltung der Wissenslandschaft auf Länderebene
            am Beispiel Bayerns**
            Dr. Wolfgang Heubisch MdL
            Bayerischer Staatsminister für Wissenschaft, Forschung und Kunst

8.15 Uhr   Frühstück

Ethische Probleme einzelner Wissensbereiche

9.00 Uhr   **Die Lebenswissenschaften – Ethische Reflexionen**
            Prof. Dr. Dietmar Mieth
            Lehrstuhl für Theologische Ethik unter besonderer Berücksichtigung
            der Gesellschaftswissenschaften,
            Eberhard Karls Universität Tübingen
10.30 Uhr   **Neue Fragen der Informationsethik**
            Prof. Dr. Karsten Weber
            Institut für Informatik und Gesellschaft, Techn. Universität Berlin
12.00 Uhr   Mittagessen, Ende der Tagung

Die Menschenwürde –
Theoretische Grundlagen,
praktische Probleme

EINLADUNG

Die unantastbare Würde der Menschen ist das Fundament von Recht und Freiheit. Ohne sie ist kein Staat zu machen: sie zu achten und zu schützen ist Verpflichtung aller staatlichen Gewalt. Ihre Anerkennung fordert auch das Handeln jedes Individuums heraus. Die Würde ist nicht nur Rechtsnorm, sondern auch verpflichtendes sittliches Gebot: Der Unternehmer wie der Lehrer, der Arzt und der Politiker, alle sind aufgerufen, dem unbedingten Eigenwert jedes Menschen gerecht zu werden.

Doch so grundlegend die Würde für unser Selbstverständnis ist, weithin ungeklärt bleibt ihre Begründung. Verdankt sich die Würde der menschlichen Natur oder entspringt sie einer mehr oder weniger willkürlichen Setzung? Ist die Menschenwürde die Erfindung einer bestimmten Tradition und auf diese beschränkt oder besitzt sie einen universalen Geltungsanspruch? Was hat es mit ihrer im Grundgesetz niedergelegten Unantastbarkeit auf sich und ergeben sich daraus konkrete Handlungsanweisungen? Wie lässt sich schließlich die Menschenwürde effektiv gegen Bedrohungen schützen?

Zur Diskussion dieser Fragen laden wir Sie herzlich nach Tutzing ein.

Dr. Gero Kellermann
Dr. Michael Spieker
Akademie für Politische Bildung Tutzing

ab 13.30 Uhr Anreise, Kaffee im Foyer

15.00 Uhr **Begrüßung – Einführung**
Dr. Gero Kellermann
Dr. Michael Spieker
Akademie für Politische Bildung Tutzing

Grundlagen der Menschenwürde

15.15 Uhr **Zum philosophischen Verständnis der Menschenwürde**
Prof. Dr. Peter Schaber
Leiter des Ethik-Zentrums der Universität Zürich

17.00 Uhr **Menschenwürde als Rechtsbegriff**
Prof. Dr. Herbert Bethge
Universität Passau

18.30 Uhr Abendessen

8.15 Uhr   Frühstück

9.00 Uhr   **Menschenwürde und christliches Menschenbild**
Prof. Dr. Gerhard Kruip
Katholisch-Theologische Fakultät der Universität Mainz,
Direktor des Forschungsinstituts für Philosophie Hannover

11.00 Uhr   **Menschenwürde als Horizont einer Begegnung der Kulturen**
Prof. Dr. Thomas S. Hoffmann
Universität Bonn

12.30 Uhr   Mittagessen

Zur Zukunft der Menschenwürde

15.00 Uhr   **Impulsreferate**
PD Dr. Heiner Aldebert
Institut TTN – Technik, Theologie, Naturwissenschaften
an der LMU München, Koordinationsstelle für Medizinethik
der Evangelisch-Lutherischen Kirche in Bayern
Robert Antretter
Bundesvereinigung Lebenshilfe, Berlin
Dr. med. Maria E. Fick
Allgemeinärztin, Mitglied im Vorstand der Bayerischen
Landesärztekammer, Mitglied der Bioethik-Kommission
der Bayerischen Staatsregierung, Landshut

16.00 Uhr   Kaffee im Foyer

16.30 Uhr   **Podiumsdiskussion**
Heiner Aldebert
Robert Antretter
Maria E. Fick

18.30 Uhr   Abendessen

8.15 Uhr   Frühstück

Internationale Problemfelder

9.00 Uhr   **Arzneimitteltests in der Dritten Welt**
Prof. Dr. Hans Jochen Diesfeld
Emeritus Ordinarius für Tropenhygiene
und öffentliches Gesundheitswesen der Universität Heidelberg

10.30 Uhr   **Menschenhandel in Deutschland aus polizeilicher Sicht**
Kriminaldirektor Klaus Bayerl
Leiter der Kriminalpolizeiinspektion Augsburg

12.00 Uhr   Mittagessen; Ende der Tagung

94

Die Grundrechte –
Interpretationen im Wandel

EINLADUNG

Sie wehren Eingriffe des Staates ab und begründen ein Wertfundament für die politische Gemeinschaft – die Grundrechte bilden nach einer Formulierung des Bundesverfassungsgerichts den Kern der freiheitlich-demokratischen Ordnung. An den Anfang der Verfassung gestellt, sind sie der Leitstern für Politik, Staats- und Rechtsordnung.

Das sechzigjährige Jubiläum des Grundgesetzes nehmen wir zum Anlass, die Wurzeln der Grundrechte zu analysieren und gleichzeitig ihre Orientierungsfunktion für zukünftige politische Prozesse herauszustellen. Die geistesgeschichtlichen Grundlagen sind dabei ebenso Gegenstand der Untersuchung wie ihre Entfaltung durch die Rechtsprechung und Schwerpunkte der aktuellen Verfassungspolitik.

Die Tagung möchte einen Beitrag zu einer Verknüpfung verschiedener Ansätze zum Thema Grundrechte leisten. Experten aus Theorie und Praxis repräsentieren die unterschiedlichen Perspektiven des Themas.

Zu unseren Diskussionen in Tutzing möchten wir Sie herzlich einladen.

Prof. Dr. Dr. h.c. Heinrich Oberreuter
Dr. Gero Kellermann
Akademie für Politische Bildung Tutzing

ab 15.00 Uhr Anreise, Kaffee im Foyer

16.45 Uhr **Eröffnung – Begrüßung**
Dr. Gero Kellermann
Akademie für Politische Bildung Tutzing

Die Grundrechte als Rahmen politischer Gestaltung

17.00 Uhr **Religionspolitische Kontexte der Entdeckung und Geltung der Menschenrechte**
Prof. Dr. Konrad Hilpert
Lehrstuhl für Moraltheologie, Ludwig-Maximilians-Universität München

18.30 Uhr Abendessen

19.30 Uhr **Grundrechte – Politik – Verfassungsgericht**
Prof. Dr. Uwe Kranenpohl
Evangelische Fachhochschule Nürnberg

8.15 Uhr   Frühstück

Wurzeln der Grundrechte

9.00 Uhr   **Zur Geistesgeschichte der Grundrechte**
Prof. Dr. Herbert Bethge
Universität Passau

10.30 Uhr   Pause

11.00 Uhr   **Die Grundrechte der Paulskirchenverfassung**
und ihre späte Verwirklichung
Prof. Dr. Jörg-Detlef Kühne
Leibniz Universität Hannover

12.30 Uhr   Mittagessen

14.30 Uhr   Kaffee im Foyer

Die Entwicklung der Grundrechte
durch die Rechtsprechung

15.00 Uhr   **Die Grundrechte zwischen Freiheit und Sicherheit**
RA Gerhart R. Baum
Bundesminister a. D., Düsseldorf

16.30 Uhr   Pause

17.00 Uhr   **Die Rechtsprechung des Bayerischen Verfassungsgerichtshofs**
zu den Grundrechten
Dr. Karl Huber
Präsident des Bayerischen Verfassungsgerichtshofs
und Präsident des Oberlandesgerichts München

18.30 Uhr   Abendessen

8.15 Uhr   Frühstück

Aktuelle Streitfelder

9.00 Uhr   **Rechtspolitik im Zeichen der Grundrechte: Das Beispiel Bayerns**
Dr. Beate Merk MdL
Bayerische Staatsministerin der Justiz
und für Verbraucherschutz, München

10.30 Uhr   **Wertewandel im Datenschutz und die Grundrechte**
Dr. Thomas Petri
Bayerischer Landesbeauftragter für den Datenschutz, München

12.00 Uhr   Mittagessen; Ende der Tagung

Angst, Kontrolle, Vertrauen –
Datenschutz und Gesellschaft

EINLADUNG

Die Digitalisierung weiter Teile des Lebens, der Datenaustausch über superschnelle Netze, die Vernetzung der Welt gehören zu den großen Gestaltungsmöglichkeiten unserer Zeit – gleichzeitig fordern sie unser Verständnis von Würde, Freiheit und Privatheit heraus.

Dies gilt insbesondere für den Umgang mit unseren Daten, die in vielerlei Hinsicht Aufschluss über uns geben. Der ungeschützte Zugriff darauf kann unerwünschte Kontrollmöglichkeiten eröffnen: wie zum Beispiel für staatliche, gesellschaftliche und wirtschaftliche Mächte. Andererseits geht die Angst vor der unsichtbaren Kontrolle einher mit der Angst vor Bedrohung durch Kriminalität und Terrorismus, deren Bekämpfung durchaus gezielte Erhebungen von Daten in gewissen Maßen notwendig erscheinen lässt.

Schlüssel für angemessene Lösungen für eine humane Informations- und Kommunikationskultur ist die Bildung und Aufrechterhaltung von Vertrauen. Dem Datenschutz kommt dabei eine tragende Rolle zu. Doch wie sieht Vertrauen in dieser bis in den Alltag hinein digitalisierten Welt aus und wie ist es herzustellen? Zur Lösungsfindung möchten wir mit unserer Tagung einen Beitrag leisten – mit Erfahrungen und Anregungen aus erster Hand.

Zu unseren Diskussionen laden wir Sie herzlich nach Tutzing ein.

Prof. Dr. Dr. h.c. Heinrich Oberreuter
Direktor der Akademie für Politische Bildung Tutzing

Dr. Gero Kellermann
Akademie für Politische Bildung Tutzing

ab 15.30 Uhr Anreise, Kaffee im Foyer

16.45 Uhr   **Begrüßung und Einführung**
              Dr. Gero Kellermann
              Akademie für Politische Bildung Tutzing

Komplexe Technologien und Sicherheit der Bürger

17.00 Uhr   **Öffentliche Privatheit – Der Schutz der Schwächeren im Internet**
              Prof. Dr. Dirk Heckmann
              Mitglied des Bayerischen Verfassungsgerichtshofes,
              Lehrstuhl für Öffentliches Recht, Sicherheits- und Internetrecht,
              Universität Passau

18.30 Uhr   Abendessen

19.30 Uhr   **Die völlige Unabhängigkeit der Datenschutzkontrolle –**
              (nicht nur) eine Sache des Vertrauens
              Dr. Thomas Petri
              Bayerischer Landesbeauftragter für den Datenschutz

97

8.15 Uhr   Frühstück

Beschäftigtendatenschutz –
Ein Weg der Vertrauensbildung

9.00 Uhr   Impulsreferate
Rechtspolitische Konzepte des Beschäftigtendatenschutzes
Sabine Leutheusser-Schnarrenberger MdB
Bundesministerin der Justiz
Anmerkungen zur Neukonzeption
des betrieblichen Datenschutzes
Prof. Dr. Andreas Müglich
Fachbereich Wirtschaftsrecht
Fachhochschule Gelsenkirchen
Zum Umgang mit Beschäftigtendaten
Dr. Thomas Petri
Mitarbeiterscreening – Der Beschäftigte als Fahndungsobjekt
Dr. Stefan Brink
Abteilungsleiter „Datenschutz in der Privatwirtschaft"
beim Landesbeauftragten für den Datenschutz Rheinland-Pfalz
Im Anschluss **Podiumsdiskussion**
Dr. Stefan Brink
Sabine Leutheusser-Schnarrenberger MdB
Prof. Dr. Andreas Müglich
Dr. Thomas Petri
Moderation:
Prof. Dr. Marie-Theres Tinnefeld

12.30 Uhr   Mittagessen
14.00 Uhr   Kaffee im Foyer

98

Die Angst nach dem Terror

14.30 Uhr   Impulsreferate
Innenpolitik zwischen Terrorismusbekämpfung und Datenschutz
Joachim Herrmann MdL
Bayerischer Staatsminister des Innern
Strafverfolgung und Datenschutz
Dr. Christoph Strötz
Generalstaatsanwalt der Generalstaatsanwaltschaft München
Freiheit, Sicherheit, Datenschutz
Jerzy Montag MdB
Rechtspolitischer Sprecher der Bundestagsfraktion Bündnis 90/
DIE GRÜNEN
Wie lässt sich Vertrauen technisch umsetzen?
Prof. Dr. Hannes Federrath
Lehrstuhl Wirtschaftsinformatik 4 – Management der Informations-
sicherheit, Universität Regensburg
Im Anschluss **Podiumsdiskussion**
Prof. Dr. Hannes Federrath
Joachim Herrmann MdL
Jerzy Montag MdB
Dr. Christoph Strötz
Moderation:
Dr. Gero Kellermann

17.00 Uhr   **Neue Verwertungsformen von Wissen, Vertrauen und Kapital –
Gesellschaftliche und individuelle Folgen
der Informationssysteme der Zukunft**
Prof. Dr. Klaus Kornwachs
Lehrstuhl Technikphilosophie, TU Cottbus

18.30 Uhr   Abendessen

8.15 Uhr   Frühstück

Weitere Vertrauenskrisen und ihre Bewältigung

9.00 Uhr   **Der Januskopf genetischer Erkenntnisse**
Prof. Dr. Marie-Theres Tinnefeld

10.30 Uhr   **Verbraucherschutz und Datenschutz**
Edgar Wagner
Landesbeauftragter für den Datenschutz Rheinland-Pfalz

12.00 Uhr   Mittagessen; Ende der Tagung

Quellen und Literaturverzeichnis

A. Vorträge

Vorträge an der Akademie für Politische Bildung

Bethge, Herbert: *„Zur Geistesgeschichte der Grundrechte"*. Vortrag am 21. November 2009 im Rahmen der Tagung „Die Grundrechte – Interpretationen im Wandel" (zit.: Bethge, Vortrag Grundrechte). Siehe dazu Tagungsbericht von Gero Kellermann im Akademiereport 1/2010, S. 16 f.

Federrath, Hannes: *„Wie lässt sich Vertrauen technisch umsetzten?"*. Vortrag am 10. Juli 2010 im Rahmen der Tagung *„Angst, Kontrolle, Vertrauen – Datenschutz und Gesellschaft"* (zit. Federrath, Vortrag Vertrauen).

Grunwald, Armin: *„Technikfolgenabschätzung am Beispiel der Nanotechnologie"*. Vortrag am 16. Mai 2009 im Rahmen der Tagung *„Die politische Gestaltung der Wissensgesellschaft"* (zit. Grunwald, Vortrag Nanotechnologie). Siehe dazu Tagungsbericht von Gero Kellermann im Akademiereport 3/09, S. 8 f.

Schily, Konrad: *„Leben als Gegenstand der Politik? – Probleme und Perspektiven"*. Vortrag am 9. Dezember 2008 im Rahmen der Tagung *„Ethische Kontroversen – Politisches Handeln"* (zit. Schily, Vortrag Leben). Siehe dazu Tagungsbericht von Gero Kellermann im Akademiereport 1/10, S. 23–25.

Strohschneider, Peter: *„Der Dialog von Wissenschaft und Politik"*. Vortrag am 15. Mai 2009 im Rahmen der Tagung *„Die politische Gestaltung der Wissensgesellschaft"* (zit. Strohschneider, Vortrag Wissenschaft). Siehe dazu Vortragsbericht von Gero Kellermann im Akademiereport 3/09, S. 10.

Talbot, Davinia: *„Lifestyle oder Gehirndoping? Zum Umgang mit Medikamenten zur Steigerung der geistigen Leistungsfähigkeit."* Vortrag am 9. Dezember 2008 im Rahmen der Tagung *„Ethische Kontroversen – Politisches Handeln"* (zit. Talbot, Vortrag Medizinethik). Siehe dazu Tagungsbericht von Gero Kellermann im Akademiereport 1/10, S. 23–25.

Weber, Karsten: *„Neue Fragen der Informationsethik"*. Vortrag am 17. Mai 2009 im Rahmen der Tagung *„Die politische Gestaltung der Wissensgesellschaft"* (zit. Weber, Vortrag Informationsethik). Siehe dazu Vortragsbericht von Gero Kellermann im Akademiereport 3/09, S. 8 f.

Weitere Vorträge

Kirchhof, Paul: *„60 Jahre Grundgesetz: Seine Lehren für die Freiheitsidee, die Familienpolitik, den Finanzmarkt, das Steuerrecht"*. Vortrag am 22. September 2009 in der Hanns-Seidel-Stiftung e.V. (zit. Kirchhof, Vortrag 60 Jahre Grundgesetz).

B. Fernsehsendungen/Interviews

Deimer, Josef: Josef Deimer, Oberbürgermeister von Landshut im Gespräch mit Karl Jörg Wohlhüter, Manuskript der Fernsehsendung „Alpha-Forum" vom 24.06.1999 im Bayerischen Rundfunk (zit. Deimer, Alpha-Forum, Fundstelle).

Habermas, Jürgen: Jürgen Habermas beantwortet Fragen, Kolloquium mit vier Doktoranden und Diplomanden, exklusive Ausschnitte vom Gespräch am 18. Juni 2009 in der Universität Frankfurt am Main mit dem streitbaren Philosophen, Fernsehsendung 3sat, scobel extra 22.3.2010, 23.25 Uhr, online unter: www.3sat.de/mediathek/?mode=play&obj=17582, letzter Abruf 26.1.2011 (Bürgerethos und Demokratie) (zit. Habermas, 3Sat).

Hassemer, Winfried: *„Das Grundgesetz ist dazu da, in Aktion zu treten"*, Interview in der Süddeutschen Zeitung vom 11.6.2008; online unter: www.sueddeutsche.de/politik/113/444850/text/print.html, letzter Abruf 30.4.2010 (zit. Hassemer, SZ-Interview).

C. Stenographische Berichte/Nachschlagewerke

Anlage zum Stenographischen Bericht der 9. Sitzung am 6. Mai 1949, Der Parlamentarische Rat, 1948 – 1949, Bd. 9, S. 6; zit. nach Dederer, JöR 2009, S. 89 (99, Anm. 82) (zit. Anlage Stenographischer Bericht, Fundstelle).

Weber (Hrsg.): Rechtswörterbuch, (begr. v. Carl Creifelds), 19. Aufl. München 2007 (zit. Creifelds/Weber, Rechtswörterbuch, Fundstelle).

D. Entscheidungen des Bundesverfassungsgerichts (Internetveröffentlichungen)

Ladenöffnungsgesetz: BVerfG, 1 BvR 2857/07 vom 1.12.2009, Absatz-Nr. 1 – 197, online unter: www.bverfg.de/entscheidungen/rs20091201_1bvr285 707.html (zit. BVerfG, 1 BvR 2857/07 vom 1.12.2009, Fundstelle – Ladenöffnungsgesetz).

Ungleichbehandlung Ehe und eingetragene Lebenspartnerschaft: BVerfG, 1 BvR 611/07 vom 21.7.2010, Absatz-Nr. 1 – 122, online unter: www.bverfg.de/entscheidungen/rs20100721_1bvr061107.html (zit. BVerfG, 1 BvR 611/07 vom 21.7.2010, Fundstelle – Ungleichbehandlung Ehe und eingetragene Lebenspartnerschaft).

Vorratsdatenspeicherung: BVerfG, 1 BvR 256/08 vom 2.3.2010, Absatz-Nr. 1–345, online unter: http://www.bundesverfassungsgericht.de/entscheidungen/rs20100302_1bvr025608.html (zit. BVerfG, 1 BvR 256/08 vom 2.3.2010, Fundstelle – Vorratsdatenspeicherung).

E. Sonstiges Schrifttum

Antoni, Michael: Kommentierung, Vorb. „Die Grundrechte" vor Art. 1 GG, Art. 1, 6 GG, in: Dieter Hömig (Hrsg.), Grundgesetz für die Bundesrepublik Deutschland, 8. Aufl. Baden-Baden 2007 (zit. Antoni, in: Hömig, Fundstelle).

Badura, Peter: Staatsrecht. Systematische Erläuterung des Grundgesetzes für die Bundesrepublik Deutschland, 2. Aufl. München 1996 (zit. Badura, Staatsrecht, Fundstelle).

Beck, Ulrich: Risikogesellschaft. Auf dem Weg in einer andere Moderne, Frankfurt am Main 1986 (zit. Beck, Risikogesellschaft, Fundstelle).

Benda, Ernst: Menschenwürde und Persönlichkeitsrecht, § 6 in: Ernst Benda/Werner Maihofer/Hans-Jochen Vogel (Hrsg.), Handbuch des Verfassungsrechts der Bundesrepublik Deutschland, Studienausgabe Teil 1, 2. Aufl. Berlin 1995, S. 161–190 (zit. Benda, HVerfR I, Fundstelle).

Bergmann, Reinhard: Kommentierung, Art. 3, 140 GG, in: Dieter Hömig (Hrsg.), Grundgesetz für die Bundesrepublik Deutschland, 8. Aufl. Baden-Baden 2007 (zit. Bergmann, in: Hömig, Fundstelle).

Bethge, Herbert: Artikel Gewissensfreiheit, § 158, in: Josef Isensee/Paul Kirchhof (Hrsg.), Handbuch des Staatsrechts der Bundesrepublik Deutschland, Band VII, Freiheitsrechte, 3. Aufl. Heidelberg 2009, S. 663–709 (zit. Bethge, HStR VII, Fundstelle).

ders.: Die Menschenwürde als Rechtsprinzip – Einige Grundlagen und Grundsätze, unveröffentliches Handout zu dem gleichnamigen Vortrag am 25. September 2009 im Rahmen der Tagung „Die Menschenwürde – Theoretische Grundlagen, praktische Probleme" (25.–27. September 2009) an der Akademie für Politische Bildung Tutzing (zit. Bethge, Vortrag Menschenwürde).

ders.: Verfassungsrecht – Eine Einführungen für Studenten des Verfassungsrechts als Nebenfach, 3. Aufl. München 2007 (zit. Bethge, Verfassungsrecht).

Beutler, Bengt: Verfassungsinterpretation bei Schutz von Ehe und Familie, in: Rainer Wahl (Hrsg.), Verfassungsänderung, Verfassungswandel, Verfassungsinterpretation: Vorträge bei deutsch-japanischen Symposien in Tokyo 2004 und Freiburg 2005, Berlin 2008, S. 441–447 (zit. Beutler, in: Wahl, Fundstelle).

Böckenförde, Ernst-Wolfgang: Anmerkungen zum Begriff Verfassungswandel, in: Peter Badura/Rupert Scholz (Hrsg.), Wege und Verfahren des Verfassungslebens, Festschrift für Peter Lerche zum 65. Geburtstag, München 1993, S. 3–14 (zit. Böckenförde, in: FS Lerche).

ders.: Der säkularisierte Staat. Sein Charakter, seine Rechtfertigung und seine Probleme im 21. Jahrhundert, schriftliche Fassung des Vortrags, gehalten in der Carl Friedrich von Siemens Stiftung am 26. Oktober 2006 (zit. Böckenförde, Der säkularisierte Staat, Fundstelle).

ders.: Die Würde des Menschen war unantastbar. Abschied von den Verfassungsvätern: Die Neukommentierung von Art. 1 des Grundgesetzes markiert einen Epochenbruch, in: Frankfurter Allgemeine Zeitung vom 3.9.2009, Nr. 204, S. 33, online unter: www.unigiessen.de/LIMES/ pdf/2_Pressetext%20FAZ.pdf, letzter Abruf 26.1.2011 (zit. Böckenförde, FAZ.net, Fundstelle).

ders.: Die Zukunft politischer Autonomie. Demokratie und Staatlichkeit im Zeichen von Globalisierung, Europäisierung und Individualisierung, in: Ernst-Wolfgang Böckenförde, Staat, Nation, Europa. Studien zur Staatslehre, Verfassungstheorie und Rechtsphilosophie, Frankfurt am Main 1999, S. 103–126 (zit. Böckenförde, Zukunft politischer Autonomie, Fundstelle).

ders.: Staatliches Recht und sittliche Ordnung, in: Ernst-Wolfgang Böckenförde, Staat, Nation, Europa. Studien zur Staatslehre, Verfassungstheorie und Rechtsphilosophie, Frankfurt am Main 1999, S. 208–232 (zit. Böckenförde, Staatliches Recht, Fundstelle).

Braun, Johann: Einführung in die Rechtswissenschaft, Tübingen 1997 (zit. Braun, Rechtswissenschaft, Fundstelle).

Bundesministerium der Justiz (Hrsg.): Die neuen Lebenspartnerschaftsgesetze – rechtlicher Schutz für alle Lebensformen, o. J. Online abrufbar unter: www.bmj.bund.de/files/-/197/ Lebenspartnerschaftsgesetz.pdf, letzter Aufruf 1.9.2010 (zit. BMJ, Lebenspartnerschaftsgesetze, Fundstelle).

Dahrendorf, Ralf: Welt ohne Halt. Globalisierung und Anomie, in: Ralf Dahrendort, Auf der Suche nach einer neuen Ordnung. Vorlesungen zur Politik der Freiheit im 21. Jahrhundert, 2. Aufl. München 2003, S. 30–54 (zit. Dahrendorf, Welt ohne Halt, Fundstelle).

Dederer, Hans-Georg: Die Garantie der Menschenwürde (Art. 1 Abs. 1 GG), in: Jahrbuch des öffentlichen Rechts der Gegenwart, Neue Folge, Band 57, (hrsg. v. Peter Häberle), Tübingen 2009, S. 89–124 (zit. Dederer, JöR 2009, Fundstelle).

Dreier, Horst: Kommentierung, Vorbemerkung vor Art. 1 GG, Art. 1 I GG, Art. 20 (Demokratie) GG: in: Horst Dreier (Hrsg.), Grundgesetz, Kommentar, Band I (Artikel 1 bis 19 GG), 2. Aufl. Tübingen 2004, Band II (Art. 20–82 GG), 2. Aufl. Tübingen 2006 (zit. Dreier, in: Dreier, Fundstelle).

Ebsen, Ingwer: Der Beitrag des Bundesverfassungsgerichts zum politischen Grundkonsens, in: Gunnar Folke Schuppert/Christian Bumke (Hrsg.), Bundesverfassungsgericht und gesellschaftlicher Grundkonsens, Baden-Baden 2000, S. 83–109 (zit. Ebsen, in: Schuppert/Bumke, Fundstelle).

Endres, Kirsten / Kellermann, Gero: Nationale Ethikkommissionen. Funktionen und Wirkungsweisen, in: Peter Weingart/Martin Carrier/Wolfgang Krohn (Hrsg.), Nachrichten aus der Wissensgesellschaft. Analysen zur Veränderung der Wissenschaft, Weilerswist 2007, S. 247–265 (zit. Endres/Kellermann, Ethikkommissionen).

Fraenkel, Ernst: Deutschland und die westlichen Demokratien, in: Alexander v. Brünneck (Hrsg.), Ernst Fraenkel, Gesammelte Schriften, Band 5: Demokratie und Pluralismus, Baden-Baden 2007, S. 74–90 (zit. Fraenkel, in: v. Brünneck, Fundstelle).

Götz, Volkmar: Innere Sicherheit, § 85, in: Josef Isensee/Paul Kirchhof (Hrsg.), Handbuch des Staatsrechts der Bundesrepublik Deutschland, Band IV, Aufgaben des Staates, 3. Aufl. Heidelberg 2006 (zit. Götz, HStR IV, Fundstelle).

Grimm, Dieter: Das Grundgesetz nach 50 Jahren, in: Dieter Grimm, Die Verfassung und die Politik: Einsprüche in Störfällen, München 2001, S. 295–324 (zit. Grimm, Das Grundgesetz, Fundstelle).

ders.: Grundrechte, in: Dieter Grimm (Hrsg.), Einführung in das öffentliche Recht: Verfassung und Verwaltung, Heidelberg 1985, S. 45–82 (zit. Grimm, in: Grimm, Fundstelle).

ders.: Grundrechtliche Freiheit 1848 und heute, in: Dieter Grimm, Die Verfassung und die Politik: Einsprüche in Störfällen, München 2001, S. 91–106 (zit. Grimm, Grundrechtliche Freiheit, Fundstelle).

ders.: Politik und Recht, in: Dieter Grimm, Die Verfassung und die Politik: Einsprüche in Störfällen, München 2001, S. 13–32 (zit. Grimm, Politik und Recht, Fundstelle).

ders.: Verfassungspatriotismus nach der Wiedervereinigung, in: Dieter Grimm, Die Verfassung und die Politik: Einsprüche in Störfällen, München 2001, S. 107–117 (zit. Grimm, Verfassungspatriotismus, Fundstelle).

Gröschner, Rolf: Kommentierung, Art. 6 GG, in: Horst Dreier (Hrsg.), Grundgesetz, Kommentar, Band I (Artikel 1 bis 19 GG), 2. Aufl. Tübingen 2004 (zit. Gröschner, in: Dreier, Fundstelle).

Grunwald, Armin: Ethische Aspekte der Nanotechnologie. Eine Felderkundung, in: Technikfolgenabschätzung – Theorie und Praxis, Nr. 2, 13. Jahrgang – Juni 2004, S. 71–78 (zit. Grunwald, Ethische Aspekte Nanotechnologie).

Häberle, Peter: Die offene Gesellschaft der Verfassungsinterpreten, in: Juristenzeitung 1975, S. 297–305 (zit. Häberle, JZ 1975, Fundstelle).

Henry-Huthmacher, Christine / Hoffmann, Elisabeth: Familienreport. Lebenssituation von Familien in Deutschland. Best Practice-Modelle zur Stärkung von Kindern und Eltern, (hrsg. v. der Konrad-Adenauer-Stiftung e.V.), St. Augustin 2006 (zit. Henry-Huthmacher/Hoffmann, Familienreport).

Herdegen, Matthias: Kommentierung, Art. 1 Abs. 1 GG, in: Roman Herzog et alia (Hrsg.), Grundgesetz Kommentar (begründet von Theodor Maunz und Günter Dürig), Band II, Art. 1–5, Lfg. 55, Mai 2009, München 2010 (zit. Herdegen, in: Maunz/Dürig, Fundstelle).

Hermes, Georg: Privacy – Der grundrechtliche Schutz des Privatlebens, in: Rainer Wahl (Hrsg.), Verfassungsänderung, Verfassungswandel, Verfassungsinterpretation: Vorträge bei deutsch-japanischen Symposien in Tokyo 2004 und Freiburg 2005, Berlin 2008, S. 329–342 (zit. Hermes, in: Wahl, Fundstelle).

Herzog, Roman: Der Mensch des technischen Zeitalters als Problem der Staatslehre, in: Roman Herzog, Staat und Recht im Wandel. Einreden zur Verfassung und ihrer Wirklichkeit, Goldbach 1993 S. 33–79 (zit. Herzog, Mensch des technischen Zeitalters, Fundstelle).

ders.: Formen staatlicher Gesetzgebung in weltanschaulich umstrittenen Bereichen, in: Hans Spanner et alia (Hrsg.), Festgabe für Theodor Maunz zum 70. Geburtstag am 1. September 1971, München 1971, S. 145–156 (zit. Herzog, in: FS Maunz, Fundstelle).

ders.: Technik und Verfassung, in: Roman Herzog, Staat und Recht im Wandel. Einreden zur Verfassung und ihrer Wirklichkeit, Goldbach 1993 S. 186–198 (zit. Herzog, Technik und Verfassung, Fundstelle).

Hesse, Konrad: Die normative Kraft der Verfassung, Tübingen 1959 (zit. Hesse, Normative Kraft, Fundstelle).

ders.: Grundzüge des Verfassungsrechts der Bundesrepublik Deutschland, 20. Aufl. Heidelberg 1995 (zit. Hesse, Verfassungsrecht, Fundstelle).

Hillgruber, Christian: Grundgesetz und Naturrecht, in: Internationale Katholische Zeitschrift Communio 2010, S. 167–177 (zit. Hillgruber, Communio 2010, Fundstelle).

Hobbes, Thomas: Leviathan oder Stoff, Form und Gewalt eines bürgerlichen und kirchlichen Staates, hrsg. und eingeleitet v. Iring Fetscher, Neuwied und Berlin 1966 (zit. Hobbes, Leviathan, Fundstelle).

Höffe, Otfried: Entscheiden muss der Gesetzgeber! Über die Grenzen wissenschaftlicher Beratung in Sachen Präimplantationsdiagnostik, in: Süddeutsche Zeitung vom 25. Januar 2011, S. 13 (zit. Höffe, SZ, 25.1.2011, Fundstelle).

Hofmann, Hans: Kommentierung, Art. 1 GG, Art. 6 GG, in: Bruno Schmidt-Bleibtreu/ Franz Klein (Hrsg.): Kommentar zum Grundgesetz, 10. Aufl. München 2004 (zit. Hofmann, in: Schmidt-Bleibtreu/Klein, Fundstelle).

Hofmann, Hasso: Recht, Politik und Religion, in: Hasso Hofmann, Recht und Kultur – Drei Reden, Berlin 2009, S. 65–92 (zit. Hofmann, Recht, Politik, Religion, Fundstelle).

Hömig, Dieter: Kommentierung, Art. 10 GG, in: Dieter Hömig (Hrsg.), Grundgesetz für die Bundesrepublik Deutschland, 8. Aufl. Baden-Baden 2007 (zit. Hömig, in: Hömig, Fundstelle).

Horn, Hans-Detlef: Schutz der Privatsphäre, § 149, in: Josef Isensee/Paul Kirchhof (Hrsg.), Handbuch des Staatsrechts der Bundesrepublik Deutschland, Band VII, Freiheitsrechte, 3. Aufl. Heidelberg 2009 (zit. Horn, HStR VII, Fundstelle).

Hoyningen-Huene, Paul: Systematizität als das, was Wissenschaft ausmacht, in: Information Philosophie 1/2009, S. 22–27 (zit. Hoyningen-Huene, Information Philosophie 1/2009, Fundstelle).

Huber, Wolfgang: Staat – Gesellschaft – Kirche. Zum Gestaltungspotenzial der Religiosität in Deutschland, schriftliche Fassung des Vortrags, gehalten im Bayerischen Landtag am 29. Juni 2010, Reihe „Akademiegespräch im Landtag", hrsg. v. Bayerischer Landtag, Tutzing/München 2010, S. 8–22 (zit. Huber, Staat – Gesellschaft – Kirche, Fundstelle).

Infobrief des Deutschen Ethikrates, hrsg. v. der Geschäftsstelle des Deutschen Ethikrates, Ausgabe 01/10, März 2010. Bericht über Anhörung „Mischwesen zwischen Mensch und Tier", Berlin 2010, S. 1–3 (zit. Infobrief Ethikrat, Mischwesen).

Ipsen, Jörn: Ehe und Familie, § 154, in: Josef Isensee / Paul Kirchhof (Hrsg.), Handbuch des Staatsrechts der Bundesrepublik Deutschland, Band VII, Freiheitsrechte, 3. Aufl. Heidelberg 2009 (zit. Ipsen, HStR VII, Fundstelle).

Isensee, Josef: Der grundrechtliche Status des Embryos, in: Josef Isensee, Recht als Grenze – Grenze des Rechts, Texte 1979 – 2009, Bonn 2009, S. 33 – 66 (zit. Isensee, Status Embryo, Fundstelle).

Jarass, Hans D. / Pieroth, Bodo: Grundgesetz für die Bundesrepublik Deutschland. Kommentar, 9. Aufl. München 2007 (zit. Bearbeiter, in: Jarass/Pieroth, Fundstelle).

Kannengießer, Christoph: Kommentierung, Art. 5 GG, in: Bruno Schmidt-Bleibtreu/Franz Klein (Hrsg.): Kommentar zum Grundgesetz, 10. Aufl. München 2004 (zit. Kannengießer, in: Schmidt-Bleibtreu/Klein, Fundstelle).

Kant, Immanuel: Grundlegung zur Metaphysik der Sitten, in: Wilhelm Weischedel (Hrsg.), Immanuel Kant. Werke in sechs Bänden, Band IV, Darmstadt 1956 (zit. Kant, GMS, Fundstelle).

Kellermann, Gero: Integrationsverantwortung und Verfassungsidentität – das Urteil des Bundesverfassungsgerichts zum Vertrag von Lissabon. Akademie-Kurzanalyse 1/2009, hrsg. von der Akademie für Politische Bildung Tutzing (zit. Kellermann, Kurzanalyse 1/2009, Fundstelle).

ders.: Juristische Studiengesellschaften im deutschsprachigen Rechtsraum. Institutionen staatsbürgerlicher Bildung zwischen fachbruderschaftlichem Ursprung und politischem Partizipationsbestreben, Baden-Baden 2005 (zit. Kellermann, Studiengesellschaften).

ders.: Risk Management Through National Ethics Councils?, in: Lotte Asveld/Sabine Roeser (Hrsg.), The Ethics of Technological Risk, London 2008, S. 23 – 251 (zit. Kellermann, Ethics Councils, Fundstelle).

ders.: Was macht das Grundgesetz am Wochenende? – Ein Wort zum verkaufsoffenen Sonntag. Akademie-Kurzanalyse 1/2008, hrsg. von der Akademie für Politische Bildung Tutzing (zit. Kellermann, Kurzanalyse 1/2008, Fundstelle).

Kirchhof, Paul: Die Identität der Verfassung, § 21, in: Josef Isensee/Paul Kirchhof (Hrsg.), Handbuch des Staatsrechts der Bundesrepublik Deutschland, Band II, Verfassungsstaat, 3. Aufl. Heidelberg 2004 (zit. Kirchhof, HStR II, Fundstelle).

ders.: Wissenschaft in verfasster Freiheit, in: Paul Kirchhof, Stetige Verfassung und politische Erneuerung, Goldbach 1995, S. 327 – 345 (zit. Kirchhof, Wissenschaft, Fundstelle).

Klages, Helmut: Wertorientierungen im Wandel. Rückblick, Gegenwartsanalyse, Prognosen, Frankfurt/New York 1984 (zit. Klages, Wertorientierungen, Fundstelle).

Kranenpohl, Uwe: Hinter dem Schleier des Beratungsgeheimnisses. Der Willensbildungs- und Entscheidungsprozess des Bundesverfassungsgerichts, Wiesbaden 2010 (zit. Kranenpohl, Beratungsgeheimnis, Fundstelle).

Kübler, Hans-Dieter: Mythos Wissensgesellschaft: Gesellschaftlicher Wandel zwischen Information, Medien und Wissen. Eine Einführung, 2. Aufl. Wiesbaden 2009 (zit. Kübler, Wissensgesellschaft, Fundstelle).

Kühne, Jörg-Detlef: Die Reichsverfassung der Paulskirche. Vorbild und Verwirklichung im späteren deutschen Rechtsleben, 2. überarbeitete und um ein Nachwort ergänzte Aufl. Neuwied 1998 (zit. Kühne, Reichsverfassung der Paulskirche, Fundstelle).

ders.: Neue Länder – neue Erziehungsziele?, in: Recht der Jugend und des Bildungswesens 1994, S. 39 – 49 (zit. Kühne, RdJB 1994, Fundstelle).

Lau, Mariam: Flucht vor der Wirklichkeit, in: Welt-online vom 15.2.2007, online unter: www.welt.de/politik/article714421/Flucht_vor_der_Wirklichkeit.html, letzter Abruf 2.9.2010 (zit. Lau, Welt-Online).

Leopoldina – Nationale Akademie der Wissenschaften, acatech – Deutsche Akademie der Technikwissenschaften und Berlin-Brandenburgische Akademie der Wissenschaften (für die Union der deutschen Akademien der Wissenschaften) (Hrsg.), Präimplantationsdiagnostik (PID) – Auswirkungen einer begrenzten Zulassung in Deutschland, Ad-hoc-Stellungnahme, Berlin Januar 2011 (zit.: Leopoldina et. al., PID-Stellungnahme, Fundstelle).

Lerche, Peter: Stiller Verfassungswandel als aktuelles Politikum, in: Hans Spanner et alia (Hrsg.), Festgabe für Theodor Maunz zum 70. Geburtstag am 1. September 1971, München 1971, S. 285–300 (zit. Lerche, in: FS Maunz).

Mahrenholz, Ernst Gottfried: Probleme der Verfassungsauslegung. Verfassungsinterpretation aus praktischer Sicht, in: Hans-Peter Schneider/Rudolf Steinberg (Hrsg.), Verfassungsrecht zwischen Wissenschaft und Richterkunst – Konrad Hesse zum 70. Geburtstag, Heidelberg 1990, S. 53–65, zit. nach Kranenpohl, Beratungsgeheimnis, S. 335 (zit. Mahrenholz, in: FS Hesse, Fundstelle).

Maunz, Theodor/Zippelius, Reinhard: Deutsches Staatsrecht. Ein Studienbuch, 29. Aufl. München 1994 (zit. Maunz/Zippelius, Staatsrecht, Fundstelle).

Maurer, Hartmut: Staatsrecht I. Grundlagen, Verfassungsorgane, Staatsfunktionen, München 2007 (zit. Maurer, Staatsrecht I, Fundstelle).

Nationaler Ethikrat (Hrsg.): Klonen zu Fortpflanzungszwecken und Klonen zu biomedizinischen Zwecken. Stellungnahme, Berlin 2004 (zit. Nat. Ethikrat, Stellungnahme Klonen, Fundstelle).

Neidhardt, Friedhelm: Formen und Funktionen gesellschaftlichen Grundkonsenses, in: Gunnar Folke Schuppert/Christian Bumke (Hrsg.), Bundesverfassungsgericht und gesellschaftlicher Grundkonsens, Baden-Baden 2000, S. 15–30 (zit. Neidhardt, in: Schuppert/Bumke, Fundstelle).

Nocke, Joachim: Rechtsproduktion der Juristen im Umweltrecht – eine Profession stößt an ihre Grenzen, in: Brun-Otto Bryde/Wolfgang Hoffmann-Riem (Hrsg.), Rechtsproduktion und Rechtsbewusstsein, Baden-Baden 1988, S. 81–122 (zit. Nocke: Bryde/Hoffmann-Riem, Fundstelle).

Oberreuter, Heinrich: Artikel „Rechtserziehung", in: Wolfgang Sander (Hrsg.), Handbuch politische Bildung, 3. Aufl. 2005, S. 326–334 (zit. Oberreuter, in: Sander, Fundstelle).

ders.: Die Wiederkehr des Normativen – Eine Erinnerung an das Unverfügbare, in: Die Politische Meinung, Nr. 449, April 2007, S. 13 f. (zit. Oberreuter, Die Pol. Meinung 2007, Fundstelle).

ders.: Kanzlrede, Veranstalter: Evangelische Akademie Tutzing, Ort: Erlöserkirche an der Münchner Freiheit, München 18. Oktober 2009, unveröffentlichtes Manuskript (zit. Oberreuter, Kanzelrede, Fundstelle).

ders.: Politische Bildung und freiheitliche Demokratie, Manuskript des Festvortrags zum 50. Jubiläum der Akademie Eichholz am 10. September 2006, online unter: www.kas.de/wf/doc/kas_9099-544-1-30.pdf?061006134215, letzter Abruf 1.9.2010 (zit. Oberreuter, Politische Bildung, Fundstelle).

ders.: Verfassungsverständnis und Konsens in der streitbaren Demokratie, in: Friedrich Wilhelm Rothenpieler, Hans Georg Stockinger (Hrsg.), Demokratie und Recht – Lehr- und Lernmaterialien für die politische Bildung, o. O., 1982, S. 308–324 (zit. Oberreuter, in: Rothenpieler/Stockinger, Fundstelle).

ders.: Werte als Herausforderung aktueller Politik, unveröffentlichtes Manuskript (zit. Oberreuter, Werte als Herausforderung, Fundstelle).

ders.: Wertwandel als Herausforderung politischer Bildung, hrsg. von der Niedersächsischen Landeszentrale für Politische Bildung, (Schriftenreihe der Niedersächsischen Landeszentrale für Politische Bildung, Grundfragen der Demokratie, Folge 6), Hannover 1984 (zit. Oberreuter, Wertwandel, Fundstelle).

Papier, Hans-Jürgen: „Der Zweck des Staates ist in Wahrheit die Freiheit". Das Spannungsverhältnis von Freiheit und Sicherheit aus verfassungsrechtlicher Sicht, (Redetext des Vortrags vom 30. Mai 2008 vor der Akademie für Politische Bildung Tutzing im Rahmen der Tagung „Freiheit und Sicherheit – Verfassungspolitische Dimensionen"), in: Deutscher Hochschulverband (Hrsg.), Glanzlichter der Wissenschaft. Ein Almanach, Stuttgart, Ausgabe 2008, S. 107–116 (zit. Papier, in: Glanzlichter, Fundstelle).

ders.: Ehe und Familie in der neueren Rechtsprechung des BVerfG, in: Neue Juristische Wochenschrift 2002, S. 2129–2133 (zit. Papier, NJW 2002, Fundstelle).

Pernice, Ingolf: Kommentierung, Art. 5 III GG (Wissenschaft), in: Horst Dreier (Hrsg.), Grundgesetz, Kommentar, Band I (Artikel 1 bis 19 GG), 2. Aufl. Tübingen 2004, (zit. Pernice, in: Dreier, Fundstelle).

Petri, Thomas: Wertewandel im Datenschutz und die Grundrechte, in: Datenschutz und Datensicherheit (DuD), Ausgabe 1/2010, S. 25–29, Veröffentlichung des gleichnamigen Vortrags vom 22. November 2009 im Rahmen der Tagung „Die Grundrechte – Interpretationen im Wandel" an der Akademie für Politische Bildung Tutzing (zit. Petri, DuD 1/2010, Fundstelle).

Prantl, Heribert: Der Sonntag ist heilig. Ladenschluss. Kommentar in der Süddeutschen Zeitung, veröffentlicht am 1.9.2010 unter www.sueddeutsche.de/wirtschaft/ladenschluss-der-sonntag-ist-heilig-1.125938, letzter Abruf 1.9.2010 (zit. Prantl, Kommentar Ladenschluss).

ders.: Google is watching you. Bilder-Dienst Street View. Kommentar in der Süddeutschen Zeitung, veröffentlicht am 16.8.2010 unter www.sueddeutsche.de/digital/bilderdienst-street-view-google-is-watching-you-1.988457, letzter Abruf 1.9.2010 (zit. Prantl, Google Street View).

Rawls, John: Politischer Liberalismus, Frankfurt am Main, 1998 (zit. Rawls, Pol. Liberalismus, Fundstelle).

Reiter, Johannes: Die Menschenwürde und ihre Relevanz für die Biotechnik und Biomedizin, in: Internationale Zeitschrift Communio 2006, S. 132–148 (zit. Reiter, Communio 2006, Fundstelle).

Rothenpieler, Friedrich Wilhelm: Die politische Bildung und das Recht, in: Christian Broda et. al. (Hrsg.), Festschrift für Rudolf Wassermann zum sechzigsten Geburtstag, Neuwied 1985, S. 511–517 (zit. Rothenpieler, in: FS Wassermann, Fundstelle).

Schaar, Peter: Das Ende der Privatsphäre. Der Weg in die Überwachungsgesellschaft, München 2007 (zit. Schaar, Privatsphäre, Fundstelle).

Schäfers, Bernhard: Sozialstruktur und sozialer Wandel in Deutschland, 8. Aufl. Stuttgart 2004 (zit. Schäfers, Sozialstruktur, Fundstelle).

Schäuble, Wolfgang: Freiheit und Sicherheit in Deutschland und Europa, Manuskript des Vortrags vom 30. Mai 2008 auf der Tagung „Freiheit und Sicherheit – Verfassungspolitische Dimensionen" an der Akademie für Politische Bildung Tutzing (zit. Schäuble, Freiheit und Sicherheit, Fundstelle).

Schiedermair, Hartmut: Die Menschenwürde als oberstes Konstitutionsprinzip in der Ordnung des Grundgesetzes, in: Martin Hochhuth (Hrsg.), Nachdenken über Staat und Recht. Kolloquium zum 60. Geburtstag von Dietrich Murswiek, Berlin 2010, S. 171–191 (zit. Schiedermair, in: Koll. Murswiek, Fundstelle).

Schmidt-Jortzig, Edzard: Ethische Beratung in der Wissensgesellschaft, Manuskript des gleichnamigen Vortrags, gehalten am 15. Mai 2009 im Rahmen der Tagung „*Die politische Gestaltung der Wissensgesellschaft*" in der Akademie für Politische Bildung Tutzing (zit. Schmidt-Jortzig, Ethische Beratung, Fundstelle).

Schneider, Hans-Peter: Die Funktion der Verfassung, in: Dieter Grimm (Hrsg.), Einführung in das öffentliche Recht: Verfassung und Verwaltung, Heidelberg 1985, S. 1–44 (zit. Schneider, in: Grimm, Fundstelle).

Schölderle, Thomas: Das Prinzip der Macht. Neuzeitliches Politik- und Staatsdenken bei Thomas Hobbes und Niccolò Machiavelli, Glienicke/Berlin 2002 (zit. Schölderle, Prinzip der Macht, Fundstelle).

Scholz, Rupert: Konstitutionalisierte Politik oder politisierte Konstitution?, in: Scholz et alia (Hrsg.), Realitätsprägung durch Verfassungsrecht. Kolloquium aus Anlass des 80. Geburtstages von Peter Lerche, Berlin 2008, S. 9 – 16 (zit. Scholz, in: Koll. Lerche, Fundstelle).

ders.: Verfassungswerte und Wertewandel. Keine Einladung zur individuellen Willkür, in: Ansgar Klein (Hrsg.), Grundwerte in der Demokratie, Bonn 1995, S. 40–43 (zit. Scholz, in: Klein, Fundstelle).

Schulze-Fielitz, Helmuth: Verfassung als Prozess von Verfassungsänderungen ohne Verfassungstextänderungen, in: Rainer Wahl (Hrsg.), Verfassungsänderung, Verfassungswandel, Verfassungsinterpretation: Vorträge bei deutsch-japanischen Symposien in Tokyo 2004 und Freiburg 2005, Berlin 2008, S. 219–232 (zit. Schulze-Fielitz, in: Wahl, Fundstelle).

Schuppert, Gunnar Folke: Einführung, in: Gunnar Folke Schuppert/Christian Bumke (Hrsg.), Bundesverfassungsgericht und gesellschaftlicher Grundkonsens, Baden-Baden 2000, S. 7–11 (zit. Schuppert, in: Schuppert/Bumke, Fundstelle).

Schwemmer, Oswald: Artikel Wert (moralisch), in: Jürgen Mittelstraß (Hrsg.), Enzyklopädie Philosophie und Wissenschaftstheorie, Band 2, Mannheim 1984, S. 662.1–663.1 (zit. Schwemmer, Enzyklopädie Philosophie, Fundstelle).

Shirvani, Foroud: Die sozialstaatliche Komponente des Ehe- und Familiengrundrechts, in: Neue Zeitschrift für Sozialrecht 2009, S. 242–248 (zit. Shirvani, NZS 2009, Fundstelle).

Starck, Christian: Artikel Die Verfassungsauslegung, § 164, in: Josef Isensee/Paul Kirchhof (Hrsg.), Handbuch des Staatsrechts der Bundesrepublik Deutschland, Band VII, Normativität und Schutz der Verfassung – Internationale Beziehungen, Heidelberg 1992, S. 189–229 (zit. Starck, HStR VII, Fundstelle).

ders.: Nationaler Grundkonsens und Verfassungsgericht, in: Gunnar Folke Schuppert/Christian Bumke (Hrsg.), Bundesverfassungsgericht und gesellschaftlicher Grundkonsens, Baden-Baden 2000, S. 227–241 (zit. Starck, in: Schuppert/Bumke, Fundstelle).

Sutor, Bernhard: Didaktik des politischen Unterrichts, Paderborn 1971; zit. nach Sandmann, Fritz: Didaktik der Rechtskunde – Rechtskundlicher Unterricht als Beitrag zur politischen Bildung, Paderborn 1975, S. 146 (zit. Sutor, Didaktik, Fundstelle).

Trute, Hans-Heinrich: Artikel Wissenschaft und Technik, § 88, in: Josef Isensee/Paul Kirchhof (Hrsg.), Handbuch des Staatsrechts der Bundesrepublik Deutschland, Band IV, Aufgaben des Staates, 3. Aufl. Heidelberg 2006, S. 747–782 (zit. Trute, HStR IV, Fundstelle).

Uhle, Arnd: Freiheitlicher Verfassungsstaat und kulturelle Identität, Tübingen 2004 (zit. Uhle, Kulturelle Identität, Fundstelle).

Voßkuhle, Andreas: Gibt es und wozu nutzt eine Lehre vom Verfassungswandel?, in: Rainer Wahl (Hrsg.), Verfassungsänderung, Verfassungswandel, Verfassungsinterpretation: Vorträge bei deutsch-japanischen Symposien in Tokyo 2004 und Freiburg 2005, Berlin 2008, S. 201–210 (zit. Voßkuhle, in: Wahl, Fundstelle).

Wahl, Rainer: Verfassungsänderung – Verfassungswandel – Verfassungsinterpretation II, in: Rainer Wahl (Hrsg.), Verfassungsänderung, Verfassungswandel, Verfassungsinterpretation: Vorträge bei deutsch-japanischen Symposien in Tokyo 2004 und Freiburg 2005, Berlin 2008, S. 65–78 (zit. Wahl, Verfassungsänderung, in: Wahl, Fundstelle).

ders.: Verfassungsgebung – Verfassungsänderung – Verfassungswandel I, in: Rainer Wahl (Hrsg.), Verfassungsänderung, Verfassungswandel, Verfassungsinterpretation: Vorträge bei deutsch-japanischen Symposien in Tokyo 2004 und Freiburg 2005, Berlin 2008, S. 29–48 (zit. Wahl, Verfassungsgebung, in: Wahl, Fundstelle).

Weingart, Peter: Wissenschaft als Gegenstand politischer, wirtschaftlicher und ethischer Konflikte, in: Peter Weingart/Martin Carrier/Wolfgang Krohn (Hrsg.), Nachrichten aus der Wissensgesellschaft. Analysen zur Veränderung der Wissenschaft, Weilerswist 2007, S. 229–233 (zit. Weingart, Wissenschaft, Fundstelle).

Willoweit, Dietmar: Zu viel Beratung. Akademien sollten Fakten liefern und nicht Politik machen, in: Süddeutsche Zeitung vom 20.1.2011, S. 18 (zit. Willoweit, SZ, 20.1.2011, Fundstelle).

Wolf, Miriam: Ethische Kontroverse – Demokratische Mitwirkung. Bio- und Gentechnologie als Thema der politischen Bildung, Schwalbach/Ts. 2009 (zit. Wolf, Ethische Kontroverse, Fundstelle).

Würtenberger, Thomas: Verfassungsänderung und Verfassungswandel, in: Rainer Wahl (Hrsg.), Verfassungsänderung, Verfassungswandel, Verfassungsinterpretation: Vorträge bei deutsch-japanischen Symposien in Tokyo 2004 und Freiburg 2005, Berlin 2008, S. 49–63 (zit. Würtenberger, Verfassungsänderung, in: Wahl, Fundstelle).

ders.: Zu den Determinanten des Wandels von Ehe und Familie (Statement), in: Rainer Wahl (Hrsg.), Verfassungsänderung, Verfassungswandel, Verfassungsinterpretation: Vorträge bei deutsch-japanischen Symposien in Tokyo 2004 und Freiburg 2005, Berlin 2008, S. 449–453 (zit. Würtenberger, Determinanten, in: Wahl, Fundstelle).

Zippelius, Reinhold/Würtenberger, Thomas: Deutsches Staatsrecht. Ein Studienbuch, 32. Aufl. des von Theodor Maunz begründeten Werkes, München 2008 (zit. Zippelius/Würtenberger, Staatsrecht, Fundstelle).

WOCHEN
SCHAU
VERLAG

... ein Begriff für politische Bildung

Das politische Buch

Bernhard Sutor

Politisch Lied – ein garstig Lied?

25 Essays zur politischen Ethik

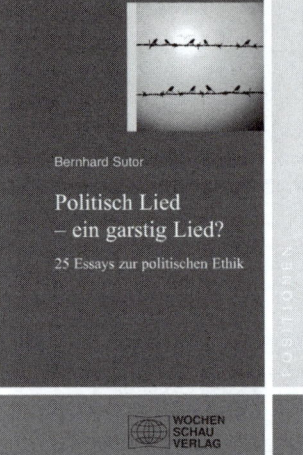

Das Schlagwort Politikverdrossenheit ist heute schon weithin von Politikverachtung abgelöst. Schuld daran seien die Politiker: abgehoben, karrieresüchtig, parteiisch. Parteien werden als Wege politischer Beteiligung kaum wahrgenommen. Bürgerbeteiligung sucht spontane Formen, häufig im Protest. Man weiß, wogegen man ist, aber nicht, wofür.

Bernhard Sutor dreht den Spieß einmal um. Könnte es nicht sein, dass viele Verdrossene und Protestler falsche Erwartungen an Politik haben, zu idealistische, aber auch zu egoistische? Dass sie sich kaum fragen, was Politik kann und soll und was nicht?

Es geht Sutor nicht darum, die Politiker zu verteidigen. Viele Vorwürfe an sie sind ja nicht falsch, aber vielleicht ist es falsch, sie als Vorwürfe zu formulieren. In den 25 Skizzen zu zentralen politischen Begriffen werden Missverständnisse aufgedeckt, wird für ein realistisches und zugleich wertorientiertes Verständnis von Politik plädiert.

ISBN 978-3-89974688-4, 112 S., € 12,80

„Bernhard Sutor bemüht sich seit je um ein realistisches, von Vorurteilen wie von idealistischen Überhöhungen freies Verständnis von Politik und Demokratie. Auch die hier versammelten Essays vermitteln die Kompetenz zur politischen Urteilsbildung informierter Staatsbürger."

Prof. Dr. Dr. h.c. Heinrich Oberreuter,
Direktor der Akademie für Politische Bildung Tutzing

„Erklärt Politikverdrossenheit auf eine amüsante und politikwissenschaftlich adäquate Art und Weise."

Prof. Dr. Peter Massing, FU Berlin

INFOSERVICE: Neuheiten für Ihr Fachgebiet unter www.wochenschau-verlag.de | Jetzt anmelden!

Adolf-Damaschke-Str.10, 65824 Schwalbach/Ts., Tel.:06196/86065, Fax:06196/86060, info@wochenschau-verlag.de